野草社

観音経の森を歩く

山尾三省
yamao sansei

観音経の森を歩く　目次

本書の編集にあたって、本文中の観音経（妙法蓮華経観世音菩薩普門品第二十五）の訳述箇所に関して著者は、主に『大乗仏典』第五巻「法華経」Ⅱ（松濤誠廉・丹治昭義・桂紹隆／訳、中央公論社）および『法華経』下（坂本幸男・岩本裕／訳注、岩波文庫）を参照していたとの前提にもとづいて校正作業を行いました。

カバー装画――――谷口広樹
造本・装幀――――堀渕伸治◎tee graphics

観音経の森を歩く

山尾三省

野草社

慈悲——観音経を手掛かりとして

観世音菩薩

観世音菩薩　というのは
世界を流れている　深い慈愛心のことであり
わたくしの内にも流れている　ひとつの
深い慈愛心のことであるが

いつの頃からか
この世界には　そのようなものは実在しないと
わたしたちは考えるようになった

それがなくては
この世界も　わたくしも　一刻も成り立ちはしないのに
わたしたちは　それを架空のものと
考えるようになった　　しかしながら

一人の人が　ぼくに喜びを与えてくれるならば
その人は　観世音菩薩なのであり
一本の樹が　ぼくに慰めを与えてくれるならば
その樹は　まごうかたなく観世音菩薩なのである

あなたが清らかな水を飲んで　おいしいと思うならば
その水が　観世音菩薩なのであり
観世音菩薩の像に接して　やすらかな気持になれば
その像もまた　むろん観世音菩薩である

わたしが人を責めることをしないならば
それが観世音菩薩であり
あなたがわたしを許してくださるならば
そこに聖観世音菩薩は　現前しておられる

観世音菩薩というのは
世界を流れている　深い慈悲心であり
あなたの内にも　わたしの内にも流れている
ひとつの　深い　慈悲心のことなのである

この詩ができたのは一九九八年の八月のことであった。

私たちの社会では、観世音菩薩《かんぜおんぼさつ》という人格（仏格あるいは菩薩格）の実在感がうすれてもう久しく、観音様《かんのん》などというものはお寺に祀《まつ》られてあるだけの像であったり、美術品として鑑賞される対象の役割を果たしているだけというのが、昨今の客観的な事実であろう。

しかしながら観世音菩薩は、古来の大慈大悲の観世音菩薩、という呼び名に見られるように、慈と悲、すなわち慈悲という私たちの誰にも備わっている感情を人格化して産み出された仏であるから、これから世界がどのように変化していこうとも、文明がどのような進歩発展を遂げようとも、人類が存在しつづける限りは存在しつづけるはずの人間性である、というのが私の考えである。

簡単明瞭な考えだが、仏教の長い歴史において、観世音菩薩のみならずあらゆる菩薩や如来《にょらい》たちを、私たちは寺院や想像力の内にだけあるものと考えさせられてきたので、いつしかそのような明瞭な実在性を、社会全体として忘れ去ってしまったのである。

観世音菩薩のみならず、あらゆる菩薩や如来たちは、ブッダがこの世に生まれ出るはるか以前から存在していたのだし、現在も存在しているし、未来においても人類が存在する限りは存在するはずのものである。なぜなら、すべての菩薩や如来たちというのは、私たち自身の内に宿されている善き人間性の象徴であると同時に、私たちをここに生存させている絶対環境、海や山や川、空気や土や太陽を、象徴的に人格化したものにほかならないからである。

四つの理由

ご縁が熟し、これから「慈悲について」という主題でしばらく書かせていただくのであるが、私としてはその手掛かりとして、観音経《かんのんきょう》をテキストにしたいと考えている。なぜ観音経をテキストにするのかというと、その経典《きょうてん》がこの世界に初めて「観世音菩薩」という呼び名をもたらした経典群のひとつであることが最初に挙げられる。先にも記したように、観世音菩薩、すなわち慈と悲とをその実体とした人間性の活動は、ブッダがこの世に出現するはるか以前からこの世界に存在していたものだし、したがって経典が編纂《へんさん》されるはるか以前の太古から存在していたのであるが、その人間性を「観世音菩薩」と呼んだのは、観音経ほかいくつかの経典が初めてのことであった。

それゆえに観音経においては、人間性の最も奥深い、慈と悲という感情が初めて自覚的にとらえられて、様々な言葉や詩句によってそれが表現されている。私たちは、それらの言葉や詩句によって、人間性の原点ともいうべきものを学び、かつ確認することができる。

観音経をテキストにする第二の理由は、それがほぼ二千年間の歴史の検証に耐えて、広くアジアの人たちに支持されてきた経典であるということである。

慈という感情にしろ、悲という感情にしろ、私たちはそれを自分の内に認め、他者の内にも認めることはできるが、これが慈であり悲であると、例えば卵のように手の上に載せて見ることはできない。観世音菩薩という存在は、卵のようには目で確認することのできないものなので、現代においてもそうであるように、人々は古代から、はたしてそのようなものは実在するのかと、心の中で絶えず検証しつづけてきたにちがいない。経典に記されてあることが空想的で、根も葉もないその場限りの事柄であるなら、それは十年は伝えられたかもしれないが百年は持ちこたえられなかったにちがいない。百年は伝えられたかもしれないが、千年の歴史の検証には耐えられなかったはずである。

観音経が、二千年の歴史の検証に耐えて現代にまで伝えられてきたことは、それだけで充分にテキストとして手掛かりにするだけの価値はあると思うのである。

第三の理由は個人的なものだが、私は『ナーム』（水書坊）という超宗派の仏教月刊誌に、二年間「法華経《ほけきょう》の森を歩く」というテーマで連載をつづけ、一九九九年に一冊の本にまとめて同じ出版社から出させていただいた。観音経は、その法華経の二十五章に、「観世音菩薩普門品《ふもんぼん》第二十五」として収められている経典だから、法華経というひとつの大経典の流れの中で観音経を味わい得る立場に私はある。

第四の理由も個人的なものだが、この三十年来、私は観世音菩薩という仏格を自分の持仏《じぶつ》としてきた。特定の宗派や教団に所属しているのではなく、私自身の全く自由な選択によって。観音性こそは自分の人間性であると感じつつ学びもし努力もしてきた。それゆえに専門の僧侶や研究者や学者たちが取り組むのとは別の、私自身の呼吸において自由に観音経という森を歩くことができることを自認している。

しかしながらそのことは、専門の僧侶や研究者や学者たちの存在をないがしろにするのではなくて、そういう人たちの仕事から多くのことを学びつつ、なおかつどうしようもなく私であらざるを得ない一人の人間として、この森を歩いて行くことを意味している。

二つの菩薩

直接観音経に踏み入る前に、慈と悲について、少しだけ言葉の源を探っておかなくてはならない。大慈大悲の観世音菩薩というからには、大慈とは何であるか、大悲とは何であるかを、あらかじめ知識として多少は知っておく必要があると思うからである。

まず「慈」であるが、中村元《はじめ》（一九一二〜一九九九年）先生の著作『慈悲』（平楽寺書店）によれば、慈とはパーリ語のmettā《メター》、サンスクリット語のmaitrī《マイトリー》（またはmaitra《マイトラ》）という語の訳である。この原語は語源的には「友」「親しきもの」を意味するmitra《ミトラ》という語からの派生語であって、真実の友情、純粋の親愛の念、を意味するものであり、インド一般にその意味に解せられている。

ということになる。私たちは、そのmaitrī《マイトリー》からマイトレヤー、すなわち弥勒《みろく》菩薩という菩薩が生まれたことを知っているが、その元の意味は、〈真実の友情〉であり、〈純粋の親愛の念〉であった。

逆にいえば、そこに真実の友情があり、純粋の親愛の念があるならば、弥勒菩薩はそこに出現しているのであり、弥勒菩薩とは、真実の友情、純粋の親愛の念をこそその実体とする菩薩だったのである。

弥勒菩薩というと、一般的にはもう私たちの及びもつかない位置にある菩薩と思いがちであるが、語源的に見てゆけば単純素朴な事実に基づいたものであることが分かるし、同時にそれは観世音菩薩の二大特性の内のひとつでもあるのだから、二つの菩薩は非常に近しい姉妹関係、あるいは兄弟の関係にあったことが知られる。

次に悲であるが、それについて中村元先生は、

> これに対して「悲」とはパーリ語及びサンスクリット語のkaruṇā《カルナー》の訳であるが、インド一般の文献においては「哀憐《あいれん》」「同情」「やさしさ」「あわれみ」「なさけ」を意味するものである。

と記しておられる。

maitrī《マイトリー》を〈慈〉と訳出した翻訳者は、さすが文字の国・中国の人だけのことはあると感心するが、karuṇā《カルナー》をただ一語の〈悲〉という言葉に訳出したことには、私はそれ以上に感心する。〈悲〉の一語において、〈哀憐〉をはじめとする五つの意味はすべて包含されているからである。

そのことは別において、〈慈〉とは真実の友情および純粋の親愛の念であり、〈悲〉とは哀憐の情およびやさしさであると理解してみると、観世音菩薩は、大慈大悲と称

せられるけれども、どちらかというと大悲に中心がある菩薩であることが感じられ、弥勒菩薩の方は当然ながら大慈を核心とした菩薩であることが了解されてくる。

ちなみに、ニューヨーク大学出版局から出された『インド哲学小辞典』（英文・一九九六年版）によると、

maitrī《マイトリー》は、

一、友愛、友情。

一、すべてのブッダの菩薩たちに内蔵されている固有の本質。

一、ヨーガにおける一段階。

karuṇā《カルナー》は、

一、あわれみ、同情。

一、仏教における瞑想《めいそう》の一形態で、友人および敵の悲しみに対して等しく共感する状態。

一、すべてのブッダおよび菩薩たちに内蔵されている固有の本質。

とされていて、現代のアメリカ社会における解釈例として、大変興味深いものがある。

サマンタムカ――あらゆる方角に顔を向けた者

普門

一般に観音経《かんのんきょう》として知られている経典は、法華経《ほけきょう》全二十八章の内の二十五章に位置し、正確には「観世音菩薩普門品《かんぜおんぼさつふもんぼん》第二十五」と呼ばれている。

仏教教典が漢訳された当初から、現在であれば「章」とか「篇」を意味する言葉が「品《ほん》」と訳されて、その伝統がすでに千五百年近くも、日本においてもつづいているのである。

「品」をヒンと読まずホンと読むのは、中国史における三国時代（三世紀）に興《おこ》った呉《ご》の国の読み方だそうで、そうすると私たちは、経典の章立てを「品《ほん》」と読むことによって、われ知らずの内に今は跡形もなく消え去ったその古代の国の音韻《おんいん》を継承していることになる。呉の時代の言霊《ことだま》、あるいは音霊《おとだま》が、「品《ほん》」という呼び方において私たちにまで伝えられてきたのである。

現在私たちに伝えられている漢訳の法華経を訳したのは、鳩摩羅什《くまらじゅう》（三四四〜四一三年）という、インド人を父に持ち、中国人を母に持った人で、その第二十五章を「観世音菩薩普門品」と訳出したのも、むろんその鳩摩羅什であった。

けれども、同じく現代に伝えられているサンスクリット語原文のこの章のタイトルは、Sāmantamukha《サマンタムカ》で、それは「あらゆる方角に顔を向けた者」という意味である。鳩摩羅什は、「あらゆる方角に顔を向けた者」を、「普門」と簡潔に訳出し、さらにこの章の主人公が観世音菩薩であるゆえに、その上にその名をつけ加えたのであろう。

私たちはこれから、現代における慈悲、すなわち観世音菩薩とは何であるか、そもそも観世音菩薩などというものがこの世界に存在するのか、存在するとすればそれはどのように働き出ているのか、という問いを探って、最も早い時期に観世音菩薩という菩薩が定着されたこの経典をよりどころに、ささやかな旅を始めたのであるから、まず最初に問題になるのが、そのサマンタムカ、すなわち「あらゆる方角に顔を向けた者」というタイトルであることはいうまでもないことである。

法華経が成立したのは、正確なことはいまだに判明してはいないものの、およそ西紀前一世紀から西紀一〜二世紀にかけてのことであろうと推定されている。

ということは、これまた正確には分かっておらず、その没年が西紀前四八三年頃、あるいは同三八三年頃と推定されているブッダの死後、すでに最長で七百年も経た時点において法華経は成立したのであり、当然のことながらこの経典はブッダ自身が説いたものではない。

法華経をはじめとする大乗《だいじょう》経典の成立史を綿密に調べてゆけば、それだけで私たちの短い一生などは終わってしまうだろうから、あまり深入りすることはできないが、ブッダの死後三、四百年も経てから、ブッダの言葉としての大乗経典がぞくぞくと編《へん》纂《さん》され始めた背後には、大きく分けて二つの理由があったと思われる。

そのひとつは、仏教の全インド的な広がりであり、アショーカ王（前三世紀）やミリンダ王（前二世紀）の時代に典型的に見られるように、仏教が広く深く浸透するにつれて、仏教教団の内部でブッダの教えそのものを広く深く大系化しようとする気運が高まってきたことにある。

もうひとつには、前二世紀頃から同じく興隆《こうりゅう》してきたヒンドゥ教の影響ということがある。インド最古の文献であり、宗教書でもある『リグ・ヴェーダ』に基礎を置いたヒンドゥ教は、ヴィシュヌ神やシヴァ神のような大神信仰のもとに、当然のことながら仏教以上にインド全域に深々と浸透していった。

仏教のように、縁起《えんぎ》の法という究極を解明した哲学ではなく、救済神として人格化されたヴィシュヌ神やシヴァ神を信仰するヒンドゥ教は、分かりやすく入りやすい民族的宗教の形として、広くインドの民衆の間に受け入れられていった。

仏教教団がその教線をさらに広げてゆくためには、『リグ・ヴェーダ』の伝統に立ったヒンドゥ教の、その救済教としての性質に対抗せねばならず、その結果必然的に自らの内にも新たな救済神や人格神をつくり出していくことになったのである。

ごくおおざっぱに見て、この二つの理由から大乗経典の編纂気運が高まったのであるが、法華経の場合は、第二十二品の「嘱累品《ぞくるいほん》」までが主として最初の理由から編まれ、二十三品から二十八品までの六品は二番目の理由も大いに加味した上で編まれたもののように、私は感じている。

これから歩いて行く「サマンタムカ」と題された森は、法華経のその最後の六品の中でも特別に救済教の味わいが強く、人格神としての傾向が濃厚な観世音菩薩という仏格が確立された点で、ヒンドゥ教からの影響を最も深く受けていると同時に、仏教としてヒンドゥ教に対峙《たいじ》するその最前線の位置に置かれていたものと見なすことができる。

アヴァローキテーシュヴァラ――自在に観る

そこでそのサマンタムカ――あらゆる方角に顔を向けた者であるが、そのタイトル自体がすでに、私たちのあらゆる苦悩に顔を向けてくれる者、を意味している以上は、そこに説かれてある内容は智慧《ちえ》（般若《はんにゃ》）としての仏教の菩薩であるよりは、救済神としてのヒンドゥ教的人格神の性格が強いものであることが、おのずから理解していただけるだろう。

ひと口に、生・老・病・死の四苦と呼ばれる苦しみの中で私たちは生きているのであるが（むろんそこには喜びもある）、その根本の苦から生じる七難八苦、それどころではなく百も千も万にも生じるこの世のすべての苦しみに対して、サマンタムカする者、そのような一者をつくり出し、それを定着させることが、法華経のこの章の目的であった。

しかしながらこの第二十五章は、そのような一者を探し求めることから始まるのではなくて、そのような一者は、既定の事実としてすでにここに在るものとして、この章の冒頭の次のような文章においていきなり登場してくる。


さて、偉大な志《こころざし》を持って、さとりを求める修行者アクシャヤマティ（無尽《むじん》意《に》菩薩）は、座席から立ち上がって、上衣を一方の肩にだけ掛け、右膝を大地につけて、世尊（ブッダ）に向かって合掌し、このように語った。

「如何なる理由で、世尊よ、偉大な志を持って、さとりを求める修行者アヴァローキテーシュヴァラ（観世音菩薩）は、アヴァローキテーシュヴァラと呼ばれるのですか」

　この言葉を聴いて世尊は、偉大な志を持ってさとりを求める修行者アクシャヤマティに、このように語った。

「この世において、良家の息子よ、幾千万・百万・十万という多くの存在する者たちが、どのような苦悩を嘗《な》めていようと、もしその人たちが、偉大な志を持ってさとりを求める修行者アヴァローキテーシュヴァラの名を聞くならば、その人たちはその苦悩の全体から解き放たれるのだ……」

　鳩摩羅什によって観世音菩薩と訳出されたAvalokiteśvara《アヴァローキテーシュヴァラ》は、本来の意味は、自在に観察することであり、観自在《かんじざい》菩薩とするのが正しい。それが観世音菩薩（観音菩薩）と訳されたのは、サンスクリット語の原本に異本があって、そこではこの菩薩がAvalokitasvara《アヴァローキタースヴァラ》と記されているためだという。

　私たちの実感において、観世音菩薩と呼ぶのと観自在菩薩と呼ぶのとでは少々気持の違いがあるが、同じ実体を呼ぶ二つの名前がこの国にもたらされて以来、すでに千五百年近くも経ち、その間ずっと二様に呼び慣わされてきたので、どちらが正しくどちらが間違っているという議論はすでに無意味である。ひとつの実体に二様の呼び名があることは、むしろこの菩薩の豊穣《ほうじょう》性を示しているもののようにさえ感じられる。

そのことはさておき、ここで私たちが見ておかなくてはならないことは、Avalokiteśvara《アヴァローキテーシュヴァラ》という呼び名は、Avalokita《アヴァローキタ》とIśvare《イーシュヴァラ》の合成語であり、アヴァローキタは「観る者」、イーシュヴァラは本来は「〜することができる」という副詞であるが、それが転じて「〜の所有者」、「支配者」、「主」、「神」を意味している言葉である、という語源的な事実である。

二つの言葉を合わせて「観ることのできる者」、「観ることとの所有者」、「観ることとの支配者」、「観ることとの神」と、アヴァローキテーシュヴァラの意味を深めてみると、それがそのまま「あらゆる方角に顔を向けた者」という、この経典の本来のタイトルに全く一致した内容の菩薩であることが、了解されてくる。

それだけではない。イーシュヴァラという言葉は、ヒンドゥ教にあっては次第に重要さを増して、神の全体的な呼び名として普遍化するにとどまらず、至高の神としてのブラフマンそのものをも意味するようにさえなっていた。

それゆえにアヴァローキテーシュヴァラとは、単に仏教上の観世音菩薩、あるいは観自在菩薩であるにとどまらず、ヒンドゥ教サイドからそれを見れば、観世音神とも観自在神とも受け止められるひとつの神格として、それは定着されたものなのである。言いかえればそれは、仏教徒によって呼び出された一人の菩薩の名前でありながら、同時にヒンドゥ教の根本神格であるブラフマンをも意味する、ひとつの超越者として私たちの世界に呼び出されてきたのである。

それでは、その神ないし菩薩は、いったい何を「観る」のであろうか。

ヒンドゥ教徒の間で言い伝えられていることわざに、「親亀は川のこちら岸から向こう岸にいる子亀を観まもる」というものがある。もう二十五年以上も昔のことだが、私はクリシュナ神話で名高いブリンダーヴァンの村に巡礼して、その村を流れるヤムナー川の支流で、小半日、直径一メートルもありそうな角張った大亀の群れを眺めつつ、そのことわざをつくづく味わったことがある。

子亀は、親亀からどんなに遠く離れていようと、親亀が自分を観ていることを知っているから、安心して広い川面や川原をどこまでも遊びまわることができる。親亀は、自身の本能にかられて、こちら岸にいても、向こう岸にいる子亀から決して目を離すことはない。

観る者と、観られる者の間には基本的にそのような関係性があり、観まもられてある者はただ観まもられてあるだけで、安心してそこに在ることができる。

クリシュナ神の生誕地であり、聖地であるブリンダーヴァンの村は、何の変哲もない小さな僻村《へきそん》であったが、そこに滞在していた間じゅう私は、絶えずクリシュナ神という愛に観まもられてあることを感じ、どこへ行こうと何をしていようと、基本的に幸福であった。

観世音菩薩が、自在にこの世界の苦しみを観る菩薩＝神として定着されたのは、私たち自身の内にある、他者の苦しみをおのずから観ずにはおれない本性にこそ基づいているのであり、それと同時に、苦しんでいる自分自身をあまねく観てほしいという願いにこそ基づいているのだということができる。

苦しみを観ることと、苦しみを観られることとの双方の自在力、あるいは自在神として、観世音菩薩は登場してきたのである。

奇蹟——大慈大悲力の証明

同悲同苦

サマンタムカ、〈あらゆる方角に顔を向けた者〉、あるいは〈自在に観察する者〉、という菩薩《ぼさつ》性は、私たちの外にのみ存在するものではなくて、私たち自身もまたそれであらざるを得ないような、ひとつの人間性にほかならない。

自分の子供であれ、妻であれ、夫であれ、親しい友人であれ、近しい人が病気になったり少しでも苦しんだりしていれば、私たちの気持はおのずからそこへ向き、薬を求めたり、手を当てたり、話を聞いたり、アドバイスしたり、元気づけたりもする。

それは私たちが善人だからそうするのではなく、義務だからするわけでもなく、おのずから私たちの思いがそのように働いて、つまり相手の悲苦におのずから感応して自分も悲苦してしまうゆえに、その悲苦を取り除きたいという気持が起こってくるのである。

親しい者たち（だけに限らないが）と同悲し、同苦することは私たちのひとつの本性であり、その悲苦が無限に多様であるにしても、無限に多様に同悲同苦してしまうのが本性なのである。サマンタムカ、〈あらゆる方角に顔を向けた者〉、あるいはまた、〈自在に観察する者〉とは、原初的には、私たち自身であるそのような人間性から呼び起こされた呼び名にほかならない。

けれども、悲苦に陥るのは他者ばかりであるわけはない。私たち自身もまた、病気や死の恐怖や憎しみなどをはじめとする、無限に多様な悲苦に日々陥り、「Help《ヘルプ》！」と声に出して叫ばぬまでも、渇した人が水を求めるように、日々に外側からの何らかの援助を求めてやまないことを本質とする存在でもある。

私たちは、空気という原初の援《たす》けなしには生きていけないし、水、食物、衣服その他の援けなしには生きていけない。そのような物理性（もまた観音性である）は別にしても、多くの私たちは、妻、夫、子供、親、友達、知人たちをはじめとする無数の人々の援けなしには生きていけない。それらの人たちにひどく傷つけられて背を向けた人は、猫を飼ったり犬を飼ったり、小鳥や金魚を飼ったりもするし、植物を育てたり旅行をしたりして生きるが、それらの場合もすべてその対象（観音性）によって深く援けられているのだということができる。

例外はあるとしても、私たちの多くは、悲苦している者に会えば、それが近しい者であればあるほどその悲苦を取り除きたいと願う存在である一方で、自らそこに落ちた時には、当然自助努力はするものの、おのずから他者他物の援けを求める存在でもある。

サマンタムカ、〈あらゆる方角に顔を向けた者〉、あるいは〈自在に観察する者〉という菩薩性は、そのように自ら与え、かつ与えられる、同悲同苦性という世界事実を根幹として成立した、人間性の別名なのである。

大慈大悲力

「観世音《かんぜおん》菩薩普門品《ふもんぼん》第二十五」、すなわち観音経《かんのんきょう》は、先に引いた言葉につづいて次のように語る。

「また、良家の子よ、観世音菩薩大士《だいし》の名前を保持する衆生《しゅじょう》たちは、たとえ巨大な火の塊りの中へ落ちても、彼らはすべて皆、観世音菩薩大士の威光によって、その巨大な火の塊りから救い出されるであろう。

さらに良家の子よ、もし衆生たちが河に流されていても、助けを求めて観世音菩薩大士の名を呼べば、それらの河はすべて彼らに浅瀬をもたらすであろう。

さらにまた良家の子よ、幾百千万もの衆生が船に乗りこみ、金、金塊、宝珠《ほうじゅ》、真珠、金剛石、瑠璃《るり》、螺貝《らがい》、水晶、珊瑚《さんご》、瑪瑙《めのう》、琥珀《こはく》、赤真珠などを求めて、海の真ん中に行くとしよう。たとえ彼らの乗ったその船が暴風によってラークシャシー（羅刹鬼《らせつき》）の島に打ち上げられたとしても、その中に誰か一人だけでも、助けを求めて観世音菩薩大士の名を呼ぶ人がいれば、彼らはすべて皆、そのラークシャシーの島から救い出されるであろう。じつに、良家の子よ、こういう理由によって〈自在に観察する〉菩薩大士は、観世音と名づけられるのである」

火難、水難、海難の三つの難事において、観世音菩薩の名を呼べばその人はその難事から逃れることができると、観音経はまず最初の具体例を挙げる。観音経はのっけから、この経典が読むに足る経典か否かにかかわるほどにあやうい、いわゆる奇蹟についての記述から始まるのである。

一、巨大な火の塊りの中に落ちても、観世音菩薩の名を保持していればそこから救われる。

一、河に流されても、観世音菩薩の名を呼べば、浅瀬が与えられる。

一、大洋の航海中、暴風雨に遇って難破したとしても、船中に一人でも観世音の名を呼ぶ人がいれば、全員が救われる。

名を呼ばれているその音声を観じて、ただちに救助するゆえに、観世音菩薩はその名で呼ばれるのだと、経典は記しているのであり、実際にそのようなことが起こらないならば、観音経はのっけからフィクション、つまり、つくりごとを記しているのであり、読むに足りない経典だということになるだろう。

このことに関して私は、自分のこれまでの三十年以上にわたる観音歴からしても、基本的に決してフィクションではないと考えている。この記述をフィクションととらえたり、昔の迷信ととらえるならば、その瞬間から観音経はリアリティのない過去の経典となり始めるのだが、少なくとも私にとってそうならないのは、火難、水難、海難のような大事件ではないにしても、それに類似したいくつかの自分にとっての大事件において、南無《なむ》観世音菩薩、と唱えることによって救われた経験が限りなくあるからである。

そういうものは観音霊験記《れいげんき》と呼ばれて、古来無数に語り継がれているから、興味のある方はその種の書物に当たられることをお勧めするが、ここではひとつだけ私のささやかな体験を記しておこう。

一九七三年から七四年にかけて、一年間ほど一家五人でインドとネパールの聖地巡礼の旅をした時のことであるが、デリーの街に着いてオートリキシャ（三輪自動車）に乗った。大きいリュックをかついでいた上に二人の大人と子供三人が乗りこんだオートリキシャは、身動きもならぬほどだったが、ある大きな交差点に差しかかった時に、左前方から山のような大型のトラックが私たちめがけて突っこんできた。私はそれまで交通事故に遇ったことはなかったが、山のようなトラックが私たちの小さなオートリキシャに襲いかかってきたその一瞬に、これは全員が死ぬと直感した。しかしながら同じその一瞬の内に、山のようなトラックを跳ね飛ばすほどの気力が生じて、衝突の激震の中で、南無観世音！　と私は唱えており、気がつくとリキシャは横転すらせず、フロントとハンドルが少々曲がっただけで、運転手も含めて満二歳になったばかりの息子まで、全員かすり傷ひとつ負わなかった。

このことは、先に挙げた火難、水難、海難の三つには該当しないし、全員が死ぬと思ったのは私の主観で、客観的に見れば初めからその程度の事故にしかならなかった軽い衝突事件に過ぎなかったのかもしれない。それゆえに、観世音菩薩の大慈大悲力を証明する出来事としてはいささか力不足かもしれないが、世界とは主観において生起する出来事であることを考慮すれば、それは一概に私の主観において一方的に起ったこととも言い切ることはできないだろう。

必死に必須に名を呼ぶ

現代知性を持つ人間の一人として、私はむやみに奇蹟を讃嘆したり、オカルティックな世界に入って行くことを好まない。

特殊なシャーマン的な能力を持ち、特殊な治癒力や予言力を発揮する人がいるのは事実であるし、そういう方たちが社会的に大いに有効な働きをすることを歓迎もするが、私自身はそのような能力は持たず、そのような能力のみによって自分や社会がよくなるとも考えてはいない。

私は宗教的関心の大いに深い一人の詩人としてこの稿に向かっているので、オカルト志向やシャーマン志向の強い方には失望を与えるかもしれないが、その点は勘弁していただくほかはない。

デリーの交通事故のほかにも、南無観世音菩薩と唱えることによって災難から逃れ得たと私が思っている事件はいくつもあるが、それらの出来事や、古来語り継がれている幾百千もの観音霊験記を通して私が考えることは、観世音菩薩という菩薩は、確かにそのような神秘力を持った菩薩であり、したがって観音経の冒頭に記されていることは、決してフィクションではないということである。

では逆に、南無観世音菩薩と唱えればいかなる災難も人は逃れることができるのかと問えば、それほど都合よくは世界はできてはいない。

先に引用した、火難、水難、海難の三つの災難と、私のデリーでのささやかな経験に共通していることは、いずれの場合も、「死」に直面したぎりぎりの状況において、その名が必死に、また必須に呼ばれているということである。

そうであるからには、引用した観音経のこのくだりにおいて私たちは、〈観音の名を呼べば奇蹟が起こる〉というひとつの事実に気を取られるのではなくて、むしろそれ以前の、〈必死に必須に名を呼ぶ——祈る〉という行為へと、私たちの思いを向け変える必要がある。

観音経が私たちに伝えようとしていることは、火難にせよ水難にせよ海難にせよ、それに陥った時に、必死に必須に慈悲を本体とする者の名を呼べば、もしその人に万が一にも助かるチャンスがあるならば、必ずその声を聞きつけて援助の手をのべる慈悲体があるだろう、ということなのである。

阪神淡路大震災で亡くなった六千四百人あまりの方たちには、必ずや観世音の名を呼びつつ亡くなった方もあるだろう。だから安易に断定することなどはとてもできないが、その一方では、観世音の名を呼んで救出された方もまたあるにちがいない。力の限り名を呼び、念ずるということは、人間の生理の仕組みからすれば、その場で最善を尽くす、ということである。奇蹟は起こるかもしれないし、起きない場合の方がはるかに多いであろう。奇蹟は起きても起こらなくても、必死に必須に名を呼ぶという行為において、その名を呼ぶ人はすでにその瞬間に究極においては救われてある。

と同時に万が一にも生きのびるという点で救われるチャンスがあるならば、そこで最善を尽くした人が最も救われる確率が高くなるのは、奇蹟というよりはひとつの合理ですらある。

大慈大悲と呼ばれるひとつの精神波動は、万人が常に共有している波動であるゆえに、日常生活にあっても常にゆるやかに振動しているが、ひとたび危機ともなれば、自らの内にあっても他者への呼びかけにおいても、まさしく火事場の馬鹿力的な集中エネルギーへと高まる性質を持っているのである。

祈り——自然力としての観音力

究極の救い

観世音菩薩《かんぜおんぼさつ》、あるいは観自在菩薩《かんじざいぼさつ》、すなわち私たちが観音様とか観音さんとか、ただに観音とか愛称してきた菩薩は、私たちの人間性の内に普遍的に存在している「愛」という喜びの人格化であり、「慈悲」という感情の人格化であり、「同悲同苦」という本能の人格化であることを、これまでに見てきた。

それゆえに観世音菩薩という人間性は、歴史上のある時期に突然出現したフィクションではなく、人類の発生以来常に存在しつづけてきたひとつの事実であり、人類が存続する限りは存続しつづけるであろうひとつの事実であることも見てきた。

観音経《かんのんきょう》の本文に入り、火難、水難、海難という、私たちの人生苦を象徴するかのような出来事において、私たちがもし観世音菩薩の名を耳にし（思いうかべ）、その名を呼ぶならば、私たちは「すべて、その苦の塊りから解き放たれるであろう」という記述があることに注目し、そのような奇蹟的なことが本当に起きるのかを、少々検証してみた。

そして、奇蹟は（奇蹟と感じられることは）基本的に起きることを私は認めた。基本的にどころか、私の実感からすれば、こうして生きている一瞬一瞬がそのまま奇蹟でさえあるのだが、今回はその逆にそうした奇蹟など決して起こらない喩《たと》え話から始めなくてはならない。

これは仏教において伝統的に語り継がれてきた喩え話だから、あるいは耳にされたことがあるかもしれない。すなわち、

ある人が森を歩いていると、いきなり虎に出遇《であ》った、その人は必死に逃げ

て、一本の大木の根元まで来た。背後からは虎が迫っている。見るとその大木からは一本の蔦《つた》がさがっていたので、その人はそれを掴《つか》んで虎の爪《つめ》の届かない高所まで登ることができた。

難を逃れてほっとしたその人が蔦の上を見ると、なんとそこにはコブラがいるではないか。下を見下ろすとそこは崖っぷちで、その大木は千尋《せんじん》の谷の上に差し伸びている樹だったのである。

上に登ればコブラがいる。下には虎がいる。手を放せば千尋の谷に落下する。しかもさらに恐ろしいことには、その命の綱の蔦を一匹のリスが囓《かじ》り始めているではないか。

この時その人が、南無《なむ》観世音菩薩と唱えれば、状況ははたして夢のごとくに一変するかというのが、この喩え話が示している公案なのである。

結論からいえば、私たちの誰もがなぜか想像力において体験することができる絶体絶命のこの危機において、南無観世音菩薩と唱えても、虎もコブラも去らないし、リスは蔦を囓ることを止めない。谷は暗黒の口を開いたまま動くことはない、と喩え話は告げる。

それでは観音経に書かれていることは、明らかに虚偽《きょぎ》ではないか。絶体絶命の危機に有効性を発揮しないような観音力であるからには、それは無効であり、観音経は古代の無知な人々がつくり出した幻想に過ぎないことになる。

しかしながらこの喩え話にはさらにつづきがある。

蔦にぶらさがったその人には、リスが蔦を噛《か》み切るまでのしばしの間、南無観世音菩薩と唱える時が与えられている。いずれその人は（私たちは）死という谷へ落ちるのであるから、その人がその最後の時間を南無観世音菩薩と念じつつ過ごすことができれば、それこそが死の谷、死の虎、死のコブラ、死のリスから逃れることができる究極の救いである、というのが、この喩え話の結論なのである。

死の一、二時間前において、あるいはその一、二分前において、あるいはその瞬間において、恐怖と苦痛に襲われつつそれを迎えることと、恐怖と苦痛はありながらもそれを超えたものを念じつつそれを迎えること（第三の場合として、意識を失い無自覚に死んでゆくこともあろう）との間で、どちらを選ぶかはもとよりその人の選択に任されるものだが、私としてはできることなら、南無観世音菩薩と、全身全霊の力をこめてそこに静かに死んでゆく生理学を選びたい。

市場経済という虎も、もろもろの悪性の化学物質というコブラも、ガンというリスも、千尋の谷という死そのものの恐怖も、南無観世音菩薩（愛、あるいは慈悲、同悲同苦）と念じる私の究極の意志を殺すことはできないし、そう念ずるならば、経典《きょうてん》が記しているように、私たちは「すべて、その苦の塊りから解き放たれるであろう」からである。

久遠の法と自然力

火難、水難、海難を逃れることができるという記述につづいて、観音経はさらに、刀難、魔難、伽鎖《かさ》難からも同様に逃れることができることを説く。

「良家の子よ、もしある人が処刑されようとしている時、助けを求めて観世音菩薩大士の名を呼べば、かの死刑執行人たちの剣は折れてこなごなに砕けよう。

また、良家の子よ、たとえこの三千大千世界がヤクシャ（夜叉《やしゃ》）やラークシャサ（羅刹《らせつ》）のような魔で充満していても、人が観世音菩薩大士の名を唱えるならば、それらすべての邪悪な心の持ち主たちは、その人を見ることさえもできないであろう。

さらにまた、良家の子よ、罪ある者でも罪なき者でも、ある人が木の枷《かせ》や鉄の枷や鎖《くさり》によってつながれていても、かの観世音菩薩大士の名を唱えるならば、たちどころに、これらの木の枷や鉄の枷や鎖は抜け出るすきまをもたらすであろう。良家の子よ、観世音菩薩大士の威力とは、このようなものである」

すでに私たちは、いかに観音様を念じたとしてもその災難から逃れることはできない風景を見てきたのだから、ここに記されてある観音力もまた万能ではないことを改めて強調する必要はあるまい。

現行の日本の死刑制度において、執行日を決定された人がいかに観世音を念じたとしても、電気椅子《いす》装置がばらばらに壊れることは起きないだろう。また、阪神淡路大震災においてコンクリートや木材の瓦礫《がれき》の下敷きとなった人たちにおいて、いかに観世音が唱えられたとしても、その瓦礫という枷鎖がたちどころにゆるむということは、千人に一人か百人に一人の割合でしか起こらなかっただろう。

それゆえに私たちは、では観音経は、虚偽を記した古代の幻想に過ぎない経典なのかという検証に、もう一度立ち返らなくてはならない。

そのために私は、観音力と並行して（あるいはそれを超えて）存在している自然《じねん》力という概念があることを、ここで認めなくてはならない。

観音力とは、人間同士の関係世界および自然と人間の関係世界においてみられる、愛、慈悲、同悲同苦の力であるが、その力と並行して、あるいはそれを超えて、自然《じねん》力と呼び得るもうひとつの力が私たちには作用している。観音経がその中に包含されている法華経《ほけきょう》は、その自然《じねん》力を久遠《くおん》の法《ダルマ》と呼んだ。

過去と現在と未来の（三世の）無数の仏たちや菩薩たち、つまるところ私たちは、その久遠の法《ダルマ》から生じたものであり、そこへと還《かえ》って行くものであるというのが法華経の根本思想であるが、その自然《じねん》力としての法《ダルマ》を観音力は決して超えることはできない。虎に追われた人の喩えで見たように、私たちはどのように観音力を頼もうとも、それと並行してそれ以上の自然《じねん》力が作用する時には、命を終えるしかない宿命にある。死すべき自然《じねん》力の時が訪れたなら、観音力はそれを如何《いかん》ともすることはできない。

それゆえにこの点に関して、観音力は明らかに無効だといわざるを得ないが、それにもかかわらず先の虎に追われた人の例で見たように、そこにおいても観音力は力を現わしてくる。南無観世音菩薩と念ずれば、同時にそこに観音力が働き、その観音力は同時に自然《じねん》力（法《ダルマ》）とも同化して、自然《じねん》力としての観音力において、安らかにも浄《きよ》らかにも私たちは死んでゆくことができるのである。

希望・願い・行為・祈り

私は常々思うのだが、人間というのは希望を持つ生物である。希望が強くなると、それは願いに変わる。願いが強くなると、それは行為となる。行為の究極は祈りとなる。行為しても行為しても願いがかなわぬ時、最後の行為として人は祈るからである。しかも人間は、希望から祈りまでの四種の過程を一瞬の内に成し遂げることができる。十年かかることもあろうが、一瞬の内に成し遂げることもできる生物なのである。

死という不可避の事態を前にして、それを超えたいと希望し、願い、行為してきた私としては、最後にたどりついた場がその祈りであった。

それでは、そうした自然《じねん》力と同化した観音力のほかには観音力は有効ではないのかと問えば、そのようなことはまた決してない。

人間同士の関係や、自然と人間の関係において見られるように、そこに愛があり、慈悲があり、慈愛があり、同悲同苦がある観音性の世界にあっては、神秘力でも奇蹟力でもなく理の当然といってよいほどに、観音力は万能に働く。

花でもよい、人でもよい、ひとつの対象を前にして、胸の内で（試みにでも）心から南無観世音菩薩と唱えてごらんなさい。

唱える前と唱えた後とでは、世界は明らかに異なっており、唱えた人は目前に、それまでとは別の世界が存在していることに気づかされるだろう。対象の花なり人なりに秘められてある観音性（愛、慈悲、慈愛、同悲同苦）が、唱えられると同時に発動して、そこにひとつの花という観音、一人の人という観音として出現してくる。

一日に八万四千もの想いにかられるという人間の心のすべてを、観世音を念じて過ごすことなどもとよりできないが、その内のひとつでも二つでもの心を南無観世音菩薩と念じるならば、そこに観音性世界はたちどころに出現することを、万人が万人の立場において太陽が昇るように明らかに検証できるであろう。

愛という本性が愛という本性を念じる（呼ぶ）のであり、慈悲という本性が慈悲という本性を念じる（呼ぶ）のだから、愛と慈悲とがそこに出現するのは合理そのものであるが、なぜ愛と慈悲とは愛と慈悲に応えるのかと問えば、それは神秘であると答えるほかはない。

人間性の内に秘められてある観音性が、いわゆる宗教とは無縁の合理性であると同時に、深い宗教性そのものでもあるのは、そうした生理学と神秘学とによるのである。

親和力――人間性の闇を消し去る光

奇妙な英語

『観音経《かんのんきょう》の森を歩く』という本書の目的は、観音経という古くから伝わる経典《きょうてん》が、埃《ほこり》まみれの過去に半ばは埋もれたものではなく、僧侶や寺院関係者たちにだけ意味を持つ特殊なものでもなく、現代を生きるすべての私たちの力になり得る、生きたテキストであることをお伝えすることにある。

そのために少々遠回りをして、現代のアメリカインディアン（ネイティヴアメリカン）の人たちの間で使われているという、I kin《アイキン》 ye《イー》. という言葉の意味を尋ねることをお許し願いたい。

作家の宮内勝典《かつすけ》さんが、『リトル・トリー』（フォレスト・カーター著　めるくまーる）という大変素晴らしい本のあとがきに書いていることなのだが、ネイティヴアメリカンの人たちの間では、I《アイ》 love《ラブ》 you《ユー》. というかわりに、I《アイ》 kin《キン》 ye《イー》. という奇妙な英語がしばしば使われるそうである。

Ye《イー》はyou《ユー》のくずし言葉だから問題はないとして、kin《キン》であるが、それは「親族」とか「血縁関係」とか「同族」「同質」を意味する名詞である。その名詞を、日本の若い人たちが「お茶する」と動詞的に使うのと同じく動詞化して、I《アイ》 love《ラブ》 you《ユー》. のかわりに使っているというわけである。直訳すれば、〈私はあなたと同じ血だよ〉とか、〈私はあなたと同族だよ〉ということになるだろうが、それがつまり〈私はあなたを愛している〉ことを意味するわけである。

ある人が、他者であれ動植物であれ何かを愛する時には、その人はその愛する対象と同じ血脈にあり、そこに属しているという愛の本質を、そのI《アイ》 kin《キン》 ye《イー》. という言葉は、じつに深く、適切に表現していると思う。

ネイティヴアメリカンの人たちとは、人種的に同じモンゴロイドの私たち日本人も、相手に向かって I love you.《アイ ラブ ユー》 とはなかなかいえないが、I kin ye.《アイキン イー》 なら案外すんなりと、新しい時代の愛を表現する言葉として使いこなせるのではないだろうか。

ゲーテその人が持つ光

その一方で、この数年来私が愛して、日常会話の中でも著作の中でも大切に使ってきた言葉のひとつに、〈親和力〉というものがある。

この言葉は、プラトン（前四二七〜前三四七年）やアリストテレス（前三八四〜前三二二年）の哲学においてすでに使用されていたが、私が直接それを受け取ったのはゲーテ（一七四九〜一八三二年）の『親和力』という題の小説を通してであった。

日本であれば江戸時代の作家である彼の影響力は、西欧文化志向の強い日本の社会でもさすがに衰えてはきたが、神智学のR・シュタイナー（一八六一〜一九二五年）が深くその影響を受けていることからも知られるように、ゲーテは理性的合理世界と神秘的合理世界の双方に参入することができた真にドイツ的な巨匠である。

若い時分に（今でも充分に若いと思ってはいるが）なぜかは分からないがそのゲーテの全集を読み、今ではその内容のほとんどは忘れ果ててしまったけれど、ただひとつ〈親和力〉という言葉だけが残って、折に触れてその言葉が、ゲーテその人の持つ光として立ち現われてくる。

つい最近になって、あるドイツ人女性との出会いがきっかけで、その〈親和力〉という言葉の原語がDie Wahlverwandshaft《ディー ヴァールフェルヴァントシャフト》であり、それを直訳すれば〈選択された同族性〉、あるいは〈選びとられた血筋〉であることが分かってきた。その言葉を最初に日本語に訳出した人が〈親和力〉としたので、そしてそれは大変適切な日本語でもあったので、以後現在まで私たちはその言葉を使っているのであるが、その本来の意味は、ネイティヴアメリカンの人たちがI kin ye.《アイ キン イー》という時のそれと全く同じことだったのである。

ゲーテの〈親和力〉とは、一人の男性が不可思議な衝動にかられて一人の女性に出遇う、出遇うという霊妙な神秘性の呼び名だったのだが、その力はゲーテの時代のみならず、またネイティヴアメリカンの間のみならず、いずれの時代にあっても、またどのような社会においても普遍的に見られることは、いうまでもない。

と同時に、〈親和力〉が働くのはただに人と人の間のみならず、人と植物や動物の関係においても、植物と動物の関係においても、植物と植物、植物と無機物、おそらくは無機物と無機物の関係においてさえも、等しく見られるものであり、森羅万象《しんらばんしょう》の調和はその〈親和力〉において成立しているということができる。

岩石と鉄、土と植物、菜の花とモンシロチョウ、人とリンゴの実、男性と女性、オシベとメシベ、天と地、水と空気等々、一見して異質なものが異質のままに魅《ひ》き合うのはそこに〈親和力〉が働くからであるし、その一方で人間社会をはじめとしておそらくはすべての動植物が大小の群れをなして生息するのは、同質がゆえの〈親和力〉によるものだと見ることができる。そして同質のもの及び異質のものの間に等しく作用するその〈親和力〉を、仏教は〈観音力〉と呼びなしたのである。

千年の闇を消す一本のローソク

この本において、私としては観音経の全文を現代語訳でお伝えしていく予定であるが、前節に引きつづく本文を引用すると次のように展開される。

「良家の子よ、かりにこの三千大千世界が、剣を手にした暴漢、敵、盗賊で充満しており、その中へ一人の隊商の指揮者が、値もつけられないような高価な宝玉《ほうぎょく》を多く持った大きな隊商を率いて行くとしよう。彼らは行く途中で、かの剣を手にした盗賊、暴漢、敵を見出し、見出すと恐れおののき、自分たちには頼るものがないと思うとしよう。また、かの隊商の指揮者がその隊商の群れにこういうとしよう。『恐れてはいけない。良家の子らよ、恐れてはいけない。お前たちはみな声をそろえて、安全を与えてくださる観世音菩薩大士の名を唱えなさい。そうすればお前たちは、この盗賊による危険からたちどころに救い出されるだろう』と。

その時、かの隊商の全員が一斉に『かの安全を与えて下さる観世音菩薩大士を敬礼したてまつる、敬礼したてまつる』と声をそろえて、観世音の名を呼んだとしよう。その名を唱えるやいなや、かの隊商はあらゆる危険から解放されるであろう。良家の子よ、観世音菩薩大士の威力とは、このようなものである。

良家の子よ、貪欲《どんよく》にとらわれた衆生が観世音菩薩大士を敬礼すれば、貪欲なき者となり、憎悪《ぞうお》に駆りたてられた衆生が観世音菩薩大士を敬礼すれば憎悪なき者となり、無知に迷った衆生が観世音菩薩大士を敬礼すれば、無知のない者となる。良家の子よ、観世音菩薩大士とは、かくも偉大な神通《じんづう》の持ち主なのである」

ここに記されてある観世音菩薩の偉大な神通力というものは、天の彼方か地の奥かというようなどこか別の場所にあるのではなくて、まさしく隊商とそれを襲わんとする盗賊の関係性の只中にあることを、私たちは理解しなくてはならない。観音力を念ずること、観世音菩薩を敬礼することの実質は、相手（盗賊）の内なるこちら側（隊商）への親和力を喚起《かんき》する作業であると同時に、こちら側（自己）の内なる盗賊（他者）への親和力を喚起する作業でもある。

財が欲しいという相手側の貪欲と、財を守りたいというこちら側の貪欲がぶつかり合えば、それは親和力とは反対の憎悪力ゆえの闘争となり、殺戮《さつりく》となる。それは、私と彼または彼女（自己と他者）のような個人的な関係性をはじめとして、現在のユーゴスラビアとコソボにおけるセルビア系住民とアルバニア系住民の闘いに見られるような、第三次世界大戦に至りかねぬ殺し合いともなる。こちら側とあちら側の双方に、正義という名の貪欲が立ち上がっている限り、私たちの間に憎悪と戦争が絶えることはない。

いかに観世音菩薩を念じようとも、念じるその心が貪欲や相手及び自分への無知に立っているとすれば、観音力は立ち現われることができない。

観音力を念ずるとはそれゆえに、念ずることによって自己の内なる平和、愛、慈悲、慈愛、同悲同苦の息吹を立ち上がらせる行為なのであり、それと同時に他者の内なる平和、愛、慈悲、慈愛、同悲同苦の息吹を立ち上がらせる行為なのでもある。

このように記せば、多くの悲観的な人生観及び歴史観を持っている人たちは、少なくとも二千年の歴史を持つ観世音菩薩という神格は、その歴史上に起こったすべての戦争を止めることができなかったし、個人と個人の間に引き起こされる憎悪の関係を消し去ることさえもできなかったではないかと、したがって観音力は歴史的・社会的にも個人的にも無力だったことを証明しているではないかと、詰問《きつもん》されるだろう。

私もそのとおりだと思う。

観世音菩薩は、その名を呼びさえすれば万事をよろしく解決してくれる、童話的に万能の神でもなければ菩薩様でもない。

観世音菩薩とは、貪欲性や憎悪性や妬《ねた》み性という悲しい人間性と並んで存在している人間性のひとつであるに過ぎない。

仏教では伝統的に、人間性には十の悪性があることを分析している。

殺すこと、盗むこと、邪婬《じゃいん》すること、この三つは人間の身体が行う悪性である。嘘をつくこと、ざれごとやきれいごとをいうこと、悪口雑言《あっこうぞうごん》すること、二枚舌を使うこと、この四つは人間の口が行う悪性である。貪《むさぼ》ること、怒ること、愚痴であること、この三つは人間の意識が陥《おちい》る悪性である。

仏教に限らず、キリスト教もイスラム教も同様の悪性を分析しているし、なにも宗教に依らなくても私たちがそのような悪しき人間性の保持者であることは、すでに万人がよく知っているところである。

観世音菩薩という人間性は、くり返すがそのような十も百もの悪しき人間性の内のひとつの人間性であるから、万能であることなどもとよりできるはずもない。

しかしながら、千年の闇も一本のローソクの光で消え去るように、もし私たちの内に、平和、愛、慈悲、慈愛、同悲同苦の心そのものである観世音菩薩と呼ばれる人間性が立ち上がるならば、その時には十悪百悪もの他の人間性は消え去っていることは認めていただけるだろう。

観音経が〈観音の名を唱えるやいなや、かの隊商はあらゆる危険から解放されるだろう〉と断言しているのは、人間性のそのような展開の事実を描写したまでのことなのである。

私たちは、貪欲や〈憎悪力〉や怒りを支柱として、人生を生き切ることはできない。けれども〈親和力〉を支柱として立てれば、一生をその力において充全に生きられるばかりか、死においてさえもそこにおいて死ぬことができるだろう。

〈親和力〉という合理的にして超合理的な力を、観音力の別名として私が立てるのは、そのような理由からである。

抜苦——究極の願い

八つの願い

前節に引きつづき、観音経《かんのんきょう》の本文は次のように記している。

「また、良家の子よ、男の子を欲して女性が観世音菩薩《かんぜおんぼさつ》を礼拝《らいはい》すれば、彼女には男の子が生まれ、しかもその子は容姿端麗《ようしたんれい》で、上品で、かわいらしく、男の子の特徴を備え、多くの人々に愛され、人々の心を魅了し、善根《ぜんこん》を備えてもいるであろう。

女の子を願うものには娘が産まれる。その娘も容姿端麗で、上品で、かわいらしく、最上のきわだって清浄な容色を備え、女の子の特徴を備えて、多くの人々に愛され、人々の心を魅了し、善根を備えてもいるであろう。

良家の子よ、観世音菩薩の威力とはこのようなものである」

このくだりの特徴は、観音力というものが、これまではいわばネガティヴな状況において効力を発揮することが述べられてきたのに対して、ポジティヴな状況においても同じく効力を発揮することが述べられたことにある。

ネガティヴな状況とは、すでに見てきたように、火難、水難、海難、刀杖《とうじょう》難、魔難、枷鎖《かさ》難（手枷《かせ》、足枷、鎖《くさり》につながれる）、盗賊難等々の、いわば大きな災難に出遇った状況であるが、一転してここに述べられたことは、子供を産みたい、男の子、あるいは女の子を産みたいという、私たちの願いや希望にかかわる積極的な事柄にかかわっている。

災難から救われたいと願うことは、子供を産みたいと願うことと同じく願いではあるが、その内容はある意味では一八〇度に異なっている。

観音経は、その前半において、今記した七種の災難から逃れ得ることをひとつずつ述べた上で、最後にポジティヴな願いとしてはただひとつだけ、この子供の出産及び産み分けがかなうという約束を提出するのである。

提出された、合計八つの状況においての願いの内、七つがネガティヴな状況においての願いであり、ポジティヴな願いはただひとつしかないことを考えると、観世音菩薩の性質は、こう在りたい、ああ在りたいという私たちのポジティヴな願いをかなえてくれる菩薩であるよりは、私たちが苦難に陥った時にこそ救いの手を差しのべてくれる菩薩であることが、よく分かる。

このことは、当然といえば当然のことではあるが、観世音菩薩の大慈大悲という性質、あるいは同悲同苦（同じく悲しみ、同じく苦しむ）という性質に、大いに関係しているわけである。

別の言い方をすれば、人生のすべてとはいわないまでも大方においてスムーズに物事が運び、さしたる苦もないような人にとっては、観世音菩薩は縁のうすい仏であり、何事につけても苦しみが多い人であればあるほど、その人にとってこの菩薩は縁が深いものとなるであろう。

菩薩といっても、すでに何度も言及してきたように、それは私たちの内なる人間性のことであり、世界の至るところに見られる慈悲性のことである。

ネアカ社会――苦しみの極相

少々古い流行語だが、日本の社会でネクラという言葉とネアカという言葉がひんぱんに使われた時期があった。

ある人々がある人々に対してネクラという批難語を浴びせた時に、たぶんその後半年以内に、ネクラと呼ばわれた人々の側から逆に、ネアカというさらに強烈な批難語が浴びせ返された。

ネクラと呼ばれた人たちは、何事につけても苦しみの多い人生を送っているゆえに暗いのであり、それゆえにまた観音性を頼みとする傾向が強いのであるが（私もまたその一人である）、ネアカと呼ばれた人たちは苦しみを恐れるゆえにそこから眼をそらし、あたかもこの世界には苦しみなどないかのごとくに生きている人（私もまたその一人である）を意味していた。じつは、ネアカと呼ばれた人たちにおいてこそ、いっそうその生きる苦しみは深かったのである。

ネクラ、ネアカという言葉が流行したのは今から二十年以上も前のことだから、そんな古いことを取り上げても意味がないと思われるかもしれないが、私の考えによれば現在は、その二項対立が意味をなさないほどにネアカ側が社会現象となり、大方の私たちが苦しみを恐れるゆえにそこから眼をそらし、文明装置の助けも借りて、この世界にはあたかも苦しみなどはないかのごとくに生きてゆかねばならぬ時代となったのである。

そのことは、むろんこの世界には苦しみがないことを意味しているのではない。厚生省（現・厚生労働省）の「人口動態統計の概況」（一九九八年度版）によれば、自殺者数は前年比で三五パーセントも増加し、初めて年間三万人台に達してしまったという。このことには、当然経済不況も深くかかわってはいるだろうが、表面的には只々《ただただ》明るく賑やかに進行している（テレビ等）社会の奥で、苦しみの絶頂において自死していく人々が年々にその記録を更新しつつある事実があることを、私たちは見逃してはなるまい。

私の考えによれば、自死していった多くの方たちは、苦しむということに免疫《めんえき》性を持たない、いわばネアカの人たちであったと思う。逆にいえば私たちは、あるがままに正当に苦しむことすら許されない社会的風潮の中を生きているのであり、そのことこそが社会的苦しみの極相であることを、その統計数字は示しているのである。

それゆえに、現在こそは、新しい時代の新しい観音性が、私たちの内に立ち上げられなくてはなるまい。観音性とは、何度もくり返すようだが、私たちの内なる同悲同苦という人間性であり、他者とともにそれを分かち合い、苦しみを苦しみのままに耐えるというアジア的な共同性の別名でもある。

七難八苦

観音経が救済の例として取り上げた八つの事柄の内、最後の子供を産むこと及び男女の産み分けということを、私はポジティヴな事例として分別した。

しかしながら、もう一歩踏みこんで考えてみると、石女《うまずめ》という悪い言葉が日本でも伝えられてきたことからも分かるように、古い社会制度（家族制度）の中にあっては、ある女性が子供を産めないということは先に挙げた七難と同じほどの苦しみを、その人にもたらしたであろうことが想像される。

観音経の成立より百年か二百年早く編纂されたと推定される『マヌの法典』は、その後現代に至るまでヒンドゥ社会の基本的なモラルとして絶大な影響力を持ちつづけてきた法典なのであるが、その第九章・八一項目には次のような条文が見られる。

不妊の妻は八年目に、その子の皆死せる妻は十年目に、娘のみを産む妻は十一年目にこれを替うることを得る。されど、悪語をいう妻は遅延なくこれを替うることを得る。

このような条項が普遍的なモラルとして生きている社会にあっては、子供が生まれないこと、男の子が生まれないことは、手枷足枷をかけられ、鎖につながれることと同様の災難だったともいえるだろう。

それゆえに、現代の私たちには唯一のポジティヴな願いと見える八番目のこの願いも、文字通りに七難八苦として数えあげられる苦しみの内のひとつであったにちがいない。

ちなみに、七難八苦という言葉の内の七難は、観音経のこれまでに見てきた災難（正確には、火難、水難、海難、羅刹《らせつ》難、王難、鬼難、枷鎖難、怨賊《おんぞく》難と表記される）に由来し、八苦の方は、生・老・病・死の四苦に加えて、愛していながら別れねばならぬ愛別離苦《あいべつりく》、憎んでいる人に会わねばならぬ怨憎会苦《おんぞうえく》、求めるものが得られない不求得苦《ふぐとくく》、五つの欲から生まれる五陰盛苦《ごうんじょうく》の四つをいう。

子なきは去れ、という古いモラルがつくり上げた苦しみが、この八苦の内に含まれていることは間違いなく、したがって経典が成立した当時にあっては、八番目のこの願いも前の七つの場合と同じくいわばネガティヴなものであったといえよう。

つまり観音経はその前半において、七難八苦の只中にある私たちに対して、どのような苦しみからもどのような災難からも救出することを断言した経典であった。

しかしながら現代の日本の社会においては、子なきは去れ、というような古いモラルは九九パーセントは力を失っているゆえに、観音経のこの記述が有効であるのは、かろうじて男の子が欲しい、あるいは女の子が欲しいという、男女産み分けの願いにかかわる場合であろう。

観世音菩薩を礼拝すれば、玉のような男の子、あるいは女の子が生まれると観音経は保証しているのだから、子供を産むこと自体を含めて男女の産み分けを願う人々が、その目的で観音様を礼拝することを、私は非科学的なこととして退けるつもりはない。

観音様は一般的に、私たちの願いを何事につけかなえてくれる慈母のごとき存在であると受け取られており、この経典の中半から後半にかけてはそのような要素も色濃く提出されてはくるが、私としては、それが現世利益《げんせりやく》につながる願い事であるような場合には、観音様に祈ることはない。

私は個人的に長い間女の子が生まれることを願い、病逝《びょうせい》した妻と再婚した妻との間に五人の男の子をもうけてきたが、その間観世音菩薩に深入りしつつも、女の子を恵んでくださいと祈ったことは一度もなかった。女の子の父親になりたいというあまりにも現世的な願いを願うことは、観音信仰の堕落のように私には感じられるからである。

観音信仰にも様々な相があるから、先に記したように、美しい男の子、美しい女の子が生まれることを願って観音様を礼拝する（御百度を踏む等々の様々な民間伝承に見られるとおり）ことをいささかも否定はしないが、私自身にはそれができない。

私にとっての観世音菩薩とは、なによりも生・老・病・死の四苦から私を救い取ってくれる抜苦《ばっく》者であり、それに加えて愛する者との別れ、憎しみを持った者との出会い、求めても求めてもそれが得られない苦しみ、五つの欲望ゆえの苦しみ、の合わせて八苦から私を救い取ってくれる、抜苦者なのである。

この世界に満ち満ちてある苦しみが、少しでも少なくなること。できることならそれが全くなくなること。

それこそが観世音菩薩の究極の願いであり、その別名である私たちの人間性といえるのではないだろうか。

科学技術は進歩し、文明もまたここまで進歩してはきたが、私たちの内には太古以来変わることがない四苦八苦が宿りつづけ、むしろその度合いは先の統計に見られるとおり、年々に深まりつづけてさえいることを示している。

この時代の新しい人間性が、つまり新しい観音性が、私たち一人一人の内に打ち立てられなくてはならない理由が、そこに明確に示されているのである。

観音性にも様々な相があるが、ここではその内の同悲同苦という側面、抜苦という共同性の側面に力点を置いて、書かせていただいた次第である。

「緑」の至福——沖縄にて

哀しいまでにやさしい名前の花

十一年ぶりに沖縄本島へ行ってきた。

最初に彼の地を訪ねたのは、一九八七年の夏、喜納昌吉《きなしょうきち》さんが主催して十日間にわたって祀《まつ》りつづけた「うるま祭り」の時で、折から開催されていた沖縄海洋博覧会に対抗し、喜納昌吉さんは全エネルギーをそこに投入して民間の手になる民間の大きな祭りをつくりあげたのであった。

二度目は、翌年の八八年二月、当時那覇《なは》市内で「夢空間」という子供の本の専門店を経営していた比嘉《ひが》道子さんに招かれて、やはり詩の朗読をするために彼の地へ行った。

三度目の今回は、琉球《りゅうきゅう》大学で五日間に九〇分授業一五回の集中講義をするために行ったのだが、再び夏の盛りの時期に訪ねて、この上なく深い印象を与えられたのが亜熱帯性の樹木たちの色濃い緑の豊穣《ほうじょう》であった。

例えばフクギと呼ばれるオトギリソウ科の樹木。

その樹は、台風の多い土地柄だけに、家を暴風から守る目的で屋敷囲《まわ》りに植えられるのだそうだが、幹や枝の姿も直接には見えないほどに、みっしりと繁り立ったつややかな丸葉の密集は、文字通りにフクギ（幸福の樹）と呼ぶにふさわしいものであった。

樹の力そのものが強いのだろうが、人々から愛されて、大切に繁らされていることが真っ直ぐに伝わってくる、家守りの樹木としてのフクギは、那覇市内の住宅街である首里《しゅり》近辺においてさえもあちこちに植栽されていて、亜熱帯性森林都市と呼び得るような豊かな景観を形づくっていた。

首里にある宿舎から、那覇市近郊の西原《にしはら》町というところにある大学のキャンパスに通う道すがらや、夕方五時過ぎに宿舎に戻ってから出る散歩の道すがらにフクギの繁り立つ風景に接し、ただその樹木がそこに存在するだけで、私はいいようもなく深い「緑」という至福を与えられた。

次にはユウナという樹。

その和名はアオイ科のオオハマボウというのだそうだが、沖縄ではもっぱらユウナという哀しいまでにやさしい呼び名で親しまれていて、島唄《しまうた》にも数多く歌われている。私が滞在した一週間は、まさしくそのユウナの樹が黄色い清楚《せいそ》な花を咲かせている時期で、フクギとともに街や大学の至るところで、ハート型の豊かな葉の繁りとその間からのぞく神のように美しい花に出遇うことができた。

私はこれまで黄色系の花に芯から心を奪われたことはなかったのだが、そのユウナともう一種類やはり街じゅうに咲き溢れていた、アリアケカズラの黄色の花の透明な輝きには、目も眩《くら》むほどに溶かされ、射抜かれてしまった。

那覇市は沖縄本島の南部に位置するが、そこまで南下すると当然のことながら、私の住む屋久島よりさらに亜熱帯性は深まり、屋久島では日常的には見ることのない樹々や花々が、異次元の日常性として聖なる祭典のごとくに繁茂《はんも》し花咲いているのであった。

無限の六二倍ものブッダたち

前節に引きつづいて、観音経《かんのんきょう》の本文は次のように展開する。

「また、良家の子よ、観世音菩薩《かんぜおんぼさつ》大士に礼拝を行い、その名前を保持する者たちには実り豊かな結果があるだろう。良家の子よ、ある者が観世音菩薩を礼拝し、その名前を保つとしよう。またある者は、六二のガンジス河の砂の数に等しいブッダたち、世尊たちを礼拝し、その名前を保持するとしよう。さらにある者は、現におられ、身を保たれ、時を過ごされている同じほどに多くのそのブッダ・世尊たちに、法衣、食物、寝台、座具、病を癒す薬品などの生活必需品をもって供養を行うとしよう。良家の子よ、お前はどう思うだろうか、その者たちには、そのためにどれほど多くの福徳の集積を獲得するであろうか」

このように問われて、無尽意《むじんに》菩薩は世尊に次のようにお答えした。

「世尊よ、まことにたくさんです。善逝《ぜんせい》（善く成就された方よ）、まことにたくさんです。その者たちは、そのためにまことに多くの福徳の集積を獲得するでしょう」

すると世尊は仰《おお》せになった。

「良家の子よ、それほど多くのブッダ・世尊たちを恭敬《くぎょう》して得る福徳の集積と、観世音菩薩をただ一度だけでも礼拝し、名前を保持するであろう者の得る福徳の集積とは等しく、二者の中でどちらがまさっていることも、すぐれていることもあり得ない。また、かの六二のガンジス河の砂の数に等しいブッダ・世尊を恭敬し、その名前を保持するであろう者と、観世音菩薩大士を礼拝し、その名前を保つであろう者、この両者の福徳の集積は、幾千万億《いくせんまんのく》劫《こう》かかっても容易に尽きさせることはできないのだ。良家の子よ、観世音菩薩の名を保持することから得られる福徳は、かくも量り知れないものなのである」

観世音菩薩の名を保つ（礼拝する、念ずる、恭敬する）ことの功徳《くどく》を、ブッダが高らかに宣言したのがこの一節であるが、その功徳たるやじつに恐るべきものであることは、本文によってすでに読者にもご理解いただけたであろう。

私は常々、ヒンドゥ民族の数量観念の美しさに脱帽しつづけているが、ここに表出された〈ガンジス河の砂の数ほど〉という比喩こそはその代表といわなくてはならない。漢語に「恒河《ごうが》砂数」と翻訳され、そのまま日本に入って来たこの数量観念は、「無限」そのものの表現にほかならないが、ここにおいてその「無限」はさらに六二倍に乗ぜられて、「無限」をひとつの単位に過ぎないものであるかのように定置してしまっている。

これはまさしく現代の、銀河系という無限をひとつの島宇宙と呼び、幾百千の島宇宙が大宇宙内には存在するという物理学と、全く同じ数学的直観である。

観音経は、そのように「無限」の六二倍もの数量においてこの世界に現に存在しているブッダ・世尊たちという表現において、当然のことながらブッダ・世尊は唯一人なのではなくて、森羅万象のすべてはブッダであり世尊でもあるという思想を表明しているのである。むろんそれは法華経の全体を貫く根本思想でもあるのだが、ここで大切なのは、その「無限」の六二倍の数量において、つまり森羅万象として存在しているすべてのブッダ・世尊たちの一人一人を礼拝し、供養することによって積まれる福徳と、観世音菩薩ただ一人をただ一度でも保つ（礼拝する、念ずる、恭敬する）ことによって得られる福徳とは全く等しいとする、大胆不敵とさえいえる革命的な立場が、ここに明確に宣言されていることである。

別の言い方をすればそれは、無限に存在する覚者《ブッダ》である存在者（物）を尊ぶことと、私たち道を求める者としての人間性（菩薩性）が内蔵している、慈悲・慈愛・愛・同悲同苦の感情を尊ぶこととは、全く同じ意味性を持っていることを宣言しているのである。

さらに分かりやすくいえば、森羅万象の存在物を神（カミ）や仏として尊ぶことと、私たちの内なる慈悲・慈愛・愛・同悲同苦の気持を尊ぶことは同じであると、観音経は説いているのである。

このことをさらに私として単純素朴に解釈するならば、森羅万象の善きもの、美しいもの、真実なるものとして存在する世界の内に、私たちもまたその善きもの、美しいもの、真実なるもののひとつとして存在しているのだということができるだろう。

むろんこの世界には、満ちに満ちた苦悩があり悲惨があり、悪がある。私の内にも等しくそれらがある。それゆえにこそ、存在の理法、存在の救済としての、覚者《ブッダ》性と観音性が私たち一人一人の内において保たれる必要があるのである。

悲しみの果ての深い愛と平和

観世音菩薩の住居は、補陀落山《ふだらくせん》（Potalaka《ポータラカ》）という地にあることが、華厳経《けごん》に記されている。

ではその補陀落は実際にはどこにあるのか、ということが、古来様々な研究者たちによって追究されてきたのだが、観世音菩薩は生身の人格として存在したブッダとは異なる存在であるから、諸説はつまるところ伝説ないし神話の域を出ることはできない。伝説ないし神話で充分であると私は考えているが、その内のひとつに、補陀落は南海の小島にあるという説があり、観世音菩薩の別名を南海大士と呼ぶ場合がある。名著『観世音菩薩の研究』（山喜房仏書林）の著者、後藤大用《だいよう》（一八九八〜一九七八年）先生も諸説を綿密に調べ上げられた上で、

これらの文献に徴するに、補陀落（potalaka）とは、香気馥郁《ふくいく》たる花が咲き匂うて而も海港を眼下にみおろしうる小高い丘であり、海路の守護神をまつる霊地であるといひうるであろう。

と結論づけておられる。

補陀落がどこかについては、いずれ別の機会に詳しく書くことがあるかとも思うが、十一年ぶりに沖縄を訪ね、彼の地の光明に激しく射抜かれ、溶かされてきた私としては、今はその補陀落の地をその沖縄に重ねて想わぬわけにはいかない。

もとより観世音菩薩は普門示現《じげん》であり、いずれの地においても、何者の姿において

も現われてくださるのだから、沖縄に限定することはないのだが、彼の地の光溢れる植物たちを想い、海の碧《あお》さを想えば、その地こそはポータラカであると今はいわざるを得ない。

例えばデイゴと呼ばれる樹木。

これは沖縄県の県花にもなっている樹木であるが、真紅の花が咲くのは晩春の頃で、私が訪ねた時には、ふさふさとしたややハート型の大きな葉が繁りに繁っているだけであった。大木になると、一〇メートル以上もの高さになり、幹は太くでこぼことして力士のような量感をたたえている。

インドが原産地で、正式な和名はデイコであるが、そんなものは不要なほどにデイゴの名で通っている。

滞在中、私は何度かデイゴの大木の下にたたずんだが、そのごつごつとした樹肌や、やわらかく繁りに繁った葉むらから受ける感覚は、慈愛と呼ぶのが最もふさわしいものであった。その木の下にたたずめば、ただそれだけのことで、大きく深い慈愛に包まれているのを感じ、私の身心はおのずから平安にくつろいだ。母のような慈愛と呼べるが、父のような慈愛と呼んでもよく、理想的な父母の慈愛のもとに包まれて在る感覚があった。

またひとつは、モモタマナという樹。

これは沖縄の呼び名でクファデーサーというが、二十万余もの沖縄戦犠牲者の御名が石に刻まれた、「平和の礎《いしじ》」祈念公園の広大な敷地に、整然たる並木として植えこまれた樹木として私はそれに接した。

完成してから年月の浅いその「平和の礎」の地にあって、約二百五十本のクファデーサーの樹はまだ四、五メートルの高さの小木だったが、もう二、三十年もすれば見事な大木の森に育つはずであるという。

並木をなすその樹から私が受けたものは、まさしく平和を願うという、悲しみの果ての愛であった。クファデーサーの樹そのものが、平和を示し、平和を与えてくれる深い愛なのであった。生きて成長しつつある、生身の観音様であった。

変身——人間性と神性の事実

シャンカラのエピソード

シャンカラは、八世紀（七〇〇～七五〇年頃）のインドで活躍した大哲学者であるが、インド思想の主潮流であるヴェーダーンタ哲学を確立した人として知られ、しばしばシャンカラチャリア（聖チャンカラ）の尊称で呼ばれている。

ヴェーダーンタ哲学の中核をなすのは、私たち一人一人の内部に存在する純粋精神としての自己《アートマン》と、この全宇宙の存在本質である真理《ブラフマン》とは別のものではないという、不二一元論《アドヴァイタ》の立場であるが、この哲学はシャンカラの時代から千三百年近くを経た現代にあっても、なおもインド思想の中核にどっしりと座りつづけて、動く気配は見られない。

私《アートマン》は世界《ブラフマン》であり、世界《ブラフマン》は私《アートマン》であるという存在の真実性、神秘性、普遍性は、人類が存続する限りはこれからも永く意味を持ちつづけるだろうと思う。

シャンカラがヴェーダーンタ哲学の父と呼ばれるのは、そのような梵我一如《ブラフマンアートマン》の立場を確立したからであるが、それは単にそのことを論理として確立しただけでなく、彼自身の身心においてそれを体現し得たことをも意味している。

『ヴェーダーンタスートラ注釈』という大著を書き終えたシャンカラは、八世紀のある日、聖都ヴェナレスの街を意気揚々と散歩をしていた。すると向こうから不可触賤民《アンタッチャブル》と思われる一人のみすぼらしい男がやって来て、道もあけずにずかずかと彼に近づいて来た。

ごぞんじのように、身分制度が支配しているヒンドゥ社会にあっては、最上位にバラモン（祭司）階級が位置し、次にクシャトリア（王族、武人）階級、次にヴァイシャ（一般庶民）が位置し、それら三階級の人たちに奉仕する階級として第四にシュードラ

（隷従階級）と定められた人たちがあった。不可触賤民と呼ばれる人たちはしかしながらさらにその下位にあり、人間でありながら人の形をした動物類のごとくに扱われている人たちである。

バラモン中のバラモンであるシャンカラと、不可触賤民のその男の身分差はあまりにも明白である。思わず眉をひそめたシャンカラは大声で、

「どけ、どけ」

と、相手をどなりつけた。するとその男は、道をあけるどころかシャンカラの前に立ちはだかって、

「あなたはそうおっしゃるが、あなたがどけといわれたその相手は、ぼろをまとっているこの私の身体なのですか、それとも私の自己《アートマン》なのですか」

と、切り返してきた。

その瞬間、電撃を受けたシャンカラは、自分が論述したばかりの『ヴェーダーンタ・スートラ注釈』の内容を、論理としてのみならず世界の真実として了解することができ、真のヴェーダ哲学者に成就することができたという。

聖都ヴェナレスはシヴァ神の住み給う街であるが、不可触賤民に変身して生きてある自己《アートマン》をシャンカラに教えてくれたのは、じつはそのシヴァ神自身にほかならなかったのだと、シャンカラはこのエピソードを締めくくっている。

変化身の主題

私たちがこのエピソードを解釈する時、たぶん二つの立場があるだろう。

そのひとつは、いうまでもなくシャンカラ自身が解釈したように、不可触賤民のその男に身を変えて彼の前に姿を現わしたのは、ほかならぬ大神シヴァそのものであった、とする立場である。

神が、みすぼらしい男や女、かよわい動物の姿などに身を変えて主人公の前に現われてくるというのは、世界じゅうの物語にしばしば見られる典型のひとつである。私たちはそれらの物語に接すると、そこになにがなしに神仏の存在を感じて、その話へ引きつけられる。知性や理性ではそんなことはあり得ないと知りつつも、私たちの内部にひそんでいる神秘力や想像力がかき立てられて、さもあらんと、心地よい喜びとともにその物語を受け入れるのである。

知性や理性に乏しい幼児や子供たちにおいてその傾向が強いのは当然だが、シャンカラの場合のように歴史に大きな影響をもたらした知性・理性においても、神が人に化身して出現する、という思想が肯定されていることは注目しておかねばならない。

もうひとつの解釈の立場は、シャンカラの前に立ちはだかったその男は、神の化身ではなくてむしろ神そのものであった、とするものである。その男は、ぼろをまとった不可触賤民そのものであると同時に、万人の内に自己《アートマン》と呼ばれる真実が内在していることを知っている賢者であり、聖者でもあった。神は、どこか他の場所にあって、ある時誰かに化身して現われてくる何者かではなくて、万人万物の内に本来内在している神性の発露なのであり、シャンカラがヴェナレスの街頭でたまたま出遇ったのは、そのような発露を遂げた一人の人だったのである。それゆえにこの場合は、変身したのは神ではなく人間の方で、人間が人間でありながら神に変身したのである。

二つの解釈の内どちらかが正しく、どちらかが間違っているとは、私は考えない。ある時神は人に化身し、ある時はまた人が神に変身するというのが、人間性と神性の事実であると思う。

さて観音経は、これから大変よく知られた三十三変化身という主題に入って行くのであるが、変化身などというものは昔の無知な人たちの空想に過ぎない、と漠然ととらえている現代人に、そうではないことをあらかじめ知っていただくために、シャンカラのエピソードを引用した次第である。

私たちの心は、一日に八万四千度もゆれ動く、と、仏教ではいう。その数字が正確かどうかは別として、今このことを思う私が次の瞬間には別のことを思っている事実からは逃れようもなく、私たちの心が刻一刻と止めどなく変化しつづけることは、確かなことである。

もう一度シャンカラのエピソードの例を引けば、今目前に不可触賤民を見て不快を生じた心は、一瞬の後にはそこに神の化身を見、それ以上はない至福の感情に包まれもする。相手(対象)が不可触賤民から神へ変身するにつれて、こちらの心も不快から至福へと大変身するのである。相手(対象)が変身するからこちらの心が変わるのか、こちらの心が変わるから相手が変身するのかは別として、私たちの心は絶えず世界によって変身し、私たち自身の心によって世界もまた変身する。

これから観音経が呈示する三十三変化身という主題は、昔の無知な人たちが考えた空想上の出来事ではなくて、このように変化して止まない世界と私の心という事実に立脚した、いわば救済の生理学であり、心理学でもある事柄なのである。

ブッダ性と観音性

前置きが長くなったが、観音経の本文に入ろう。


そのとき、無尽意菩薩《むじんにぼさつ》大士は、世尊にこうお尋ねした。

「世尊よ、観世音菩薩大士は、この娑婆《しゃば》世界（サハー世界＝忍土）において、どのように遊歴し、どのようにして衆生《しゅじょう》に教えを説かれるのですか。また、観世音菩薩大士の巧みな方便の本領とは、どのようなものなのですか」

このように問われて世尊は、無尽意菩薩大士に次のようにお答えになった。

「良家の子よ、観世音菩薩がブッダの姿をして衆生に教えを説く諸世界もあり、観世音菩薩大士が菩薩の姿をして衆生に教えを説く世界もある。ある衆生には、独覚《どくかく》の姿において観世音菩薩は教えを説き、ある衆生には声聞《しょうもん》の姿をして教えを説き、ある衆生にはブラフマー神の姿をして教えを説き、ある衆生にはシャクラ（帝釈天＝インドラ神）の姿をして教えを説き、ある衆生にはガンダルヴァ（乾闥婆）の姿で教えを説く」

三十三の変化身の内の七つがここに説かれているのだが、読みようによっては何事もなく通り過ぎてしまうかもしれぬこの内容は、じつは大変に重要な事柄を含んでいる。

一身ずつをこれから吟味していくのだが、まず最初に観世音菩薩はブッダその人に変身して法を説くというのである。

歴史上に実在した人格であるブッダとは異なって、人類に普遍的に見られる慈悲（愛）という感情を人格化した存在である観世音菩薩は、必然的に慈悲（愛）のあるところにはそこに同時に実在する。ブッダが法を説くのは、じつはブッダに内在している観世音菩薩性が法を説くのだと、観音経はここに断言しているのである。

ブッダという人格と観音性とは、別のものではない。言葉をかえれば、覚者《ブッダ》とは観音性を体現した人の呼び名であり、観音様とは覚者《ブッダ》の内なる純粋精神の呼び名なのだと、ここで観音経は伝えているのである。

観音性（慈悲・愛・同悲同苦）という軸から世界を見れば、それを体現した人格は、歴史上の人格であるブッダ・シャキャムニ唯一にとどまらず、「三世諸仏」という言葉が正しく示しているように、過去においても、現在においても、また未来においても無数に存在するだろう。

身近な例を挙げれば、キリストはブッダの一人であるし、アッシジの聖フランシスコ（一一八一または八二～一二二六年）もその一人であろう。マザー・テレサ（一九一〇～一九九七年）はその一人であるし、マハトマ・ガンジー（一八六九～一九四八年）もその一人である。それらの人たちをあえてブッダと呼ぶ必要はないけれども、深い慈悲を体現した人、深い愛を実現した人、深い同悲同苦心を生きた人々を覚者《ブッダ》の名で呼び、無数の覚者《ブッダ》たちを呼び起こすことが、大乗《だいじょう》仏教の特徴であり主張でもある。

そして、そのすべてのブッダたちが法を説く時、ないし行動をとる時には、そこに発動しているものは観音性にほかならないと、変身のまず第一番に観音経は説いたのである。

その森を歩く私たちは、ここで二重四重の恩恵を受けることになる。

私たちがブッダの法（仏法）に出遇う時には、それは同時に観世音菩薩に出遇っているものだということが、二重の恩恵である。ブッダは観世音菩薩の変化身として法を説き、観世音菩薩はブッダの変化身として、つまり純粋精神として法を説いているのだから。

さらにそこには、私たち自身もまた関与せずにはおれない。

私たちがブッダの法に出遇い、観世音菩薩の響きに出遇うということは、私たち自身の内部にブッダが存在しているからであり、観世音菩薩が内在しているからである。世界（他己）として存在しているブッダ性と観音性、自己として存在しているブッダ性と観音性が、四重に奏《かな》で合って、おのずから美しい弦楽四重奏を奏でているのが、観音経の森を今私たちが歩いている現実の姿である。

それが、恩恵、あるいは恩寵と呼ばれる事柄の内実である。

ここでは、三十三変化身の内のブッダ身ただ一身についてしか記すことができなかった。次節からは、さらに一身ずつについて、私なりにじっくりと味わっていくつもりである。

普門示現——内在する菩薩性と独覚性

美しい湖の伝説

ネパールの北西上方、チベット領ヒマラヤにあるカイラース山（六六五六メートル）は、ヒンドゥ教の大神シヴァの永遠の住居とされているとともに、地元チベットのボン教と呼ばれる土着宗教の人たち、ボン教と仏教が習合して形成されたチベット密教の各派の人たちからも、聖地の中の聖地として仰がれている山である。

私はまだその地に巡礼したことはないが、カイラース山の南麓にはマナサロワール湖と呼ばれる周囲九〇キロほどの美しい湖があり、両者は分かち難く結ばれ合って、カイラース・マナサロワール聖地を形づくっている。

私が何年か前に友人から聞いた話によると、そのマナサロワール湖は観音様の涙から生まれたという。

チベット密教の根源仏のひとつが観世音菩薩《かんぜおんぼさつ》であり、オン・マニ・パドメ・フーンという真言がチベットにおいて最もポピュラーな観音讃仰《さんぎょう》の言葉であることは、最近はずいぶん日本でも知られてきたが、チベットでなぜそうなったかといえば、この仏格の根本からの働きが、「抜苦与楽《ばっくよらく》」という悲願の一事にあるからにほかならないと、私は推測する。

私が聞いた話によれば、観音様はこの世界のすべての苦しみを抜きはらおうと、この世界に現われ出たのであるが、この世界に満ち満ちている苦しみ、悲惨はあまりにも深く、巨大で、とうてい自分の力ではそれをすべて抜き去ることはできないと知って、悲しみと苦しみの涙をほとばしらせた。

その涙がたまって、青いマナサロワール湖となったというのである。

単純といえば単純、素朴といえば素朴きわまる神話であるが、この話の内には、万年雪のカイラース山に対比して、深い青緑色をたたえているマナサロワール湖の風景に託された、とてつもなく深い人間性および神性についての洞察がある。

チベット人ではなく現代社会の日本人であったとしても、私たち一人一人は、自分自身の内に負いきれぬほどの苦しみや悲しみを内蔵しているばかりでなく、ごく身近な周囲をはじめとする世界を見れば、そこにはありとあらゆる苦悩と悲惨が絶えることはない。

神が在るなら、世界からとっくにすべての苦悩と悲惨は取り除かれていたはずだ、とするのが無神論者の素朴な主張であり、そのように全能な神がもとよりこの世界に在るはずもないという点で、無神論者たちはむろん正しい。人類が人類として存在する限りは、大なり小なりの苦悩と悲惨は存在するのであり、それゆえにまた人類が存在する限りは、その苦悩と悲惨を消滅させようと、私たちは全智全能を尽くして願いもするし、行為もする。

マナサロワール湖の伝説は、人間性の内に宿るすべての苦悩と悲惨を消滅させたいと願う事実（それこそが神性である）と、それにもかかわらず自己の内外において引き起こされてくる無限の苦悩と悲惨があるという事実を、二つながらに認識し尽くした上での、全人類にとっての最も美しい神話のひとつであるということができよう。

普門示現

すでに記したように、観音経《かんのんきょう》は法華経《ほけきょう》の中の第二十五品《ほん》（章）として伝えられてきたものであり、その品のサンスクリット語の原題は、サマンタムカ（Sāmantamukha）であった。サマンタムカとは、あらゆる方角に顔を向けた者、という意味であり、漢語ではそれを普門示現《ふもんじげん》と記す。普門示現とは、あらゆる場において現われ示す者という意味である。

観世音菩薩には様々な種類があるが、その内で最も普門示現《サマンタムカ》の性質を顕わしているのは、千手千眼《せんじゅせんげん》観音であり、十一面観音であろう。千の手と千の眼をもって、自己および世界の千の苦悩と悲惨を見、かつ救わんと行為するゆえに千手千眼観音が生まれたのであり、四方八方に天地を加えた十方《じっぽう》世界のすべてに顔を向けて、その苦悩と悲惨を救いとろうと願うゆえに、十一面観音という概念と像が生まれた。

何度もくり返すけれども、観世音菩薩という菩薩は、ブッダやキリストやマホメットのように歴史に実在した人格ではなくて、私たちの内にある世界の苦悩と悲惨を消滅させたいという願いそのものが集積されて人格化された菩薩であり、私たち自身の内にある苦悩と悲惨を消滅させたいという願いもまた等しく集積されて、人格化された菩薩である。

これを宮沢賢治の言葉でいえば、

世界全体が幸福にならない限りは、個人の幸福はあり得ない。

のであり、その逆に、私（個人）が幸福でない限りは世界全体の幸福はあり得ない、のでもある。

このことは、理想でも観念でもなくて、人間性の事実であり真実であるから、抽象的な存在者ではあるけれども、観世音菩薩は私の内にも世界の内にも心の事実として実在する。過去に実在したし、現在に実在しているし、来《きた》るべき世紀にも当然実在しつづけるだろう。

けれどもまた、それは抽象的な直接眼には見えない存在者であるがゆえに、日常生活の中で私たちがそれと気づくことは少ない。

南無《なむ》観世音菩薩

と、その名を呼べば、たちどころに観世音菩薩はその姿を現わし示してくれる、というのが、これまで記してきた観音経の主旨であったし、今まさしくここで歩いている「変化身《へんげしん》」という考え方でもある。あらゆる方角に顔を向けた者、としての観音を、観音経は三十三の変化身に分けて記す。つまり、三十三の変化身とは、あらゆる方角に顔を向けた者としての、観音のこの世界へのリアリティなのである。

すでに前節において、その最初の部分を引用したけれども、ここでもう一度そこへ立ち戻り、普門示現《サマンタムカ》ということを念頭において、観音のリアリティに触れることにしよう。

その時、無尽意《むじんに》菩薩大士は、世尊にこうお尋ねした。

「世尊よ、観世音菩薩大士は、この娑婆《しゃば》世界（サハー世界＝忍土）において、どのように遊歴し、どのようにして衆生《しゅじょう》に教えを説かれるのですか。また、観世音菩薩大士の巧みな方便の本領とは、どのようなものなのですか」

このように問われて世尊は、無尽意菩薩大士に次のようにお答えになった。

「良家の子よ、観世音菩薩がブッダの姿をして衆生に教えを説く諸世界もあり、観世音菩薩大士が菩薩の姿をして衆生に教えを説く諸世界もある。ある衆生には、独覚《どくかく》の姿において観世音菩薩は教えを説き、ある衆生には声聞《しょうもん》の姿をして教えを説き、ある衆生にはブラフマー神の姿をして教えを説き、ある衆生には帝釈天《シャクラ》(=インドラ神)の姿をして教えを説き、ある衆生にはガンダルヴァ(乾闥婆)の姿をして、観世音菩薩は教えを説く」

菩薩性

ここには、七つの身に変化して法《ダルマ》を説く観世音菩薩の姿が説かれているが、その内の最初のブッダ身への変化については前節に記したので、ここではもう触れない。

二番目の菩薩身については、観世音が菩薩であるからには菩薩身として現われるのは当然である。ただしここで私たちが注意しておかなくてはならないのは、菩薩《ボディサットヴァ》とは、「衆生を自覚させる者」という元の意味から転じて、自ら究極の知慧《ちえ》を求めつつ同時に衆生とその知慧を共にしていく者、を意味しており、私たちが普通に感じているような超越的な存在ではない、ということである。

私たち誰もの内に、究極の知慧を得たいという願いも努力もあるが、少しでもその知慧が得られれば、それを他者（衆生）と分かち合いたいという自然な気持もある。それを菩薩性と呼んだのだから、菩薩は観音像や文殊《もんじゅ》像や普賢《ふげん》像として寺院の内部に祀られてきたのと同時に、私たち誰もの内にこそ、その本来の実在性を持っているのである。

私は、寺院と僧の存在を否定する者ではなく、むしろその逆で心から尊敬もし大切にも思う者であるが、菩薩や仏というものをただその内にだけ閉じこめておく時代は、すでに終わったと思う。私たちの誰もが、人間であるからにはその内部に菩薩性を持っているのであり、菩薩とはすべての私たちのもうひとつの名であることを自覚もし、広めてもいく時が来ていると思う。

ブッダを、ブッダ・シャキャムニただ一人に閉じこめておくのではなく、三世の諸仏という言葉に象徴されるように、無数のブッダたちへと解放することが法華経および観音経の意図であるからには、菩《ボディ》薩《サットヴァ》もまた観世音菩薩や地《じ》蔵《ぞう》菩薩のみに限定してはならず、私たち一人一人の人間の内に在る無数の名を持った菩薩性へと解放していくことが、経典《きょうてん》自体の論理からも要請されているのである。

仏教は、一人一寺、一人一仏、一人一菩薩の地平に立つ時に、現代において真に再生していくだろう。

けれどもそれは、すでに記したようにむろん現在ある寺院や僧たちをないがしろにしようというのではない。お寺が深く仏法を保持し、僧たちがそれを現代生活の中に生きて活用されている限り、私たちは古代と変わらず、仏・法・僧を世界の三つの宝として、篤《あつ》く敬《うやま》っていくだろうし、そうしなくてはならない。

独覚

次に観音様は、独覚《どくかく》に身を変じて現われるというのだが、それではその独覚とはどのような人間性なのであろうか。

サンスクリット原語ではこの人間性はPratyekabuddha《プラティエカブッダ》と呼ばれ、縁によって自覚《ブッディ》を得た人という意味で、縁覚《えんがく》とも呼ばれ、辟支仏《びゃくしぶつ》とも呼ばれるブッダの一人である。

私の理解では、プラティエカブッダとはブッダ・シャキャムニという正当な師の教えにまみえず、独自の力で十二の縁起という仏法の根本を悟達《ごだつ》してしまった人、ということになるが、ブッダ・シャキャムニご自身も、誰か正当な師からそれを教わったのではなく、自身の理解力によって十二縁起を自覚したのだから、プラティエカブッダの一人だったということもできる。

独覚とは自身の認識力で縁起の法を自覚した人《ブッダ》と定義すると、そのような人は、古代にもいたであろうが、現代においてもやはり存在する。

私はずっと以前に、棟方志功《むなかたしこう》（一九〇三〜一九七五年）氏の「足裏の土踏む力　女人こそわが観世音菩薩」という文字の入った版画絵を見たことがあるが、そのような絵を彫った氏こそは、さしずめ現代のプラティエカブッダと呼ぶべきであろう。

正当な伝統に立たず、独自の境地を探っていく内に、普遍の法《ダルマ》に参入してしまう種類の人は、古代にあっても現代にあってもままある。画家でいえば、奄美《あまみ》大島の風物を描いた田中一村《いっそん》（一九〇八～一九七七年）氏なども、独覚であり辟支仏の一人であったということができる。

観音経は、そのような独覚者としても観世音菩薩はこの世界に姿を現わすと告げている。

私たちとしては、身辺に変わり者と呼ばれている人がいて、私たちに奇妙な価値観をもたらす時には、その人は独覚に身を変えた観世音菩薩なのではないかと、身心を澄まして接する必要がある。もしその人が、何か善いことを私たちに伝えてくれるのであれば、その人は間違いなく観世音菩薩の化身である独覚だからである。

声聞――真実の声を聞き分けるために

新しい法の地平

仮の区切りではあるが、私たちは新しい千年紀を迎えて、自分自身とこの時代と、この社会および世界にどのような光を見出すことができるのかを、それぞれに静かに問い直す必要があるだろう。

西暦二千年ということに意味があるとすれば、それをひとつの区切りとして、自分自身の光はどこにあるのか、この時代の光はどこにあるのか、この社会および世界のどこから光がくるのかを、静かに照見してみるまたとない機会を私たちが皆で迎えたということなのである。

私自身についていえば、

南無《なむ》日月燈明如来《にちがつとうみょうにょらい》

南無日月燈明如来

南無日月燈明如来

という、新しい題目、あるいは真言《しんごん》、あるいは称名《しょうみょう》が訪れてきて、これからは太陽と月を根源の光とする新しい自己、および文明の時代をつくり出していかなくてはなるまいと一歩を踏み出しているところである。

日月燈明如来という仏は、観音様のようによく知られた仏ではないが、法華経《ほけきょう》の序品《じょほん》に登場してきて、この世界に初めて法華経を説いたと設定されている仏である。

簡単にその序品の筋書きを記せば、太古の太古のそのまた太古の昔に、この世界に日月燈明如来という名の、完全な悟りを得た、尊敬されるべき、無上の仏が出現された、と法華経は述べる。その仏の次には、全く同じ名の、完全な悟りを得た、尊敬されるべき、無上の日月燈明如来という仏が出現し、その次も、次の次も以後二万代にわたって全く同じ名の日月燈明如来という仏が出現して、その最後の二万代目の日月燈明如来がこの世界に初めて法華経を説いたと、法華経は述べるのである。

法華経が成立したのは、文献学者たちの推定によれば、紀元一世紀頃のことで、それはブッダの入滅《にゅうめつ》後少なくとも五百年は経ってからのことである。それゆえ、法華経はブッダが直接説いた経典でないことは火を見るよりも明らかなのだが、法華経はその事実を一歩も二歩も深めて、この世界に初めて法華経を説いたのはブッダではなく、さらに太古の太古にまでさかのぼった日月燈明如来という仏であったという、いわば超仏教的な立場に立つことを序品において宣言し、そこからブッダ自身をもその内に包みこむ久遠《くおん》の法《ダルマ》という、新しい仏法の物語を説きおこしたわけである。

私の解釈によれば、この世界に初めて法華経（久遠の法）を説いた日月燈明如来とは、太陽と月そのものにほかならず、太陽と月が物言わぬ如来として法を説いていることを、二万代にわたってそのもとで生きつづけてきた私たち人類の祖先が、ある時それと気づいたのである。太陽系という系の内にある限りは、私たちにとって根源の法《ダルマ》は太陽であり、月という惑星のバランスであるほかはない。

むろんそのことを古代人は、昼間の太陽、夜の月と観照《かんしょう》したにちがいないが、そうであったとしてもその法の現代性はいささかも失われるものではない。私たちは、太陽を拝み、月を拝んで生きてさえいれば、生き方の根本においても、文明の方向性においても決して間違うようなことにはならない。

太陽と月を拝むということは、当然のことではあるがこの地球自体（大地自体・海川自体）を拝むことであり、拝むとはそれを深く大切にすること、尊敬《リスペクト》することにほかならない。

声聞の大切さ

観音経《かんのんきょう》は、観世音菩薩《かんぜおんぼさつ》がこの世界にブッダ自身として現われ出ると説き、多くの他の菩薩としても現われ出、独覚《どくかく》者としても現われ出ると説いたのにつづいて、この場の主題である声聞《しょうもん》としても現われ出ると説いている。

声聞とはśrāvaka《シュラーヴァカ》の漢訳語で、本来はブッダの生《なま》の声を聞くことができた直弟子《じきでし》たちの呼び名であった。ブッダの十大弟子と呼ばれる、シャーリプトラ（舎利弗）、カーシャパ（迦葉）、アーナンダ（阿難）などの人たちは、生きておられたブッダの生の深い声を聞いた直弟子であるが、そのような人としても観世音菩薩はこの世界に姿を現わすと、観音経は説いているわけである。

しかしながら、ブッダの入滅後何百年も経て、法華経をはじめとするいわゆる大《だい》乗《じょう》教典が編纂《へんさん》されるようになると、ブッダ直伝の仏教（声聞派）は小乗《しょうじょう》仏教と呼ばれて一段低い教えと見なされるようになり、声聞の位置も菩薩に比べて一段低いものとなった。西暦の一世紀頃を境として、仏教はブッダ直伝の僧たちの伝統による上座部仏教（いわゆる小乗）と、後に成立した経典による大衆部仏教（いわゆる大乗）に分裂してくるのである。

ここには仏教の根幹にかかわる重要な問題が含まれているのだが、今はそれは別におくとして、声聞というひとつの立場を現代に引きよせて考えるなら、これは昔に変わらず私たちが宗教（生き方のおおもととなる考え方）とかかわっていく上で、なによりも大切な契機であると思う。

声聞とは生《なま》の声を聞くこと、生きてある人格に接して、限りなくそこから学ぶことであるが、とりも直さずそれはこの世界において師と呼び得る人を持つことである。

読者の中には気功やヨーガその他の師について道を学んでいる方が多いだろうから、理解が早いはずであるが、自分が何かを学ぶ先生を持っていること、師と呼べる人を持っていることは、この世に生きる最上最深《さいじん》の喜びを持っていることにほかならない。

それが華道や俳句や茶道のような趣味の世界であっても、学問の世界であっても少しもかまわないけれども、生きることの根幹がそこにかかわる気功や整体を含む宗教(生き方の宗〈おおもと〉となる考え方)上の師を持つことができるならば、それこそは私たちの全人生が真実という宝くじに当たったようなものである。

職人の世界や武道の世界、華道、歌道、茶道、学問の世界など、伝統的に文化として伝えられてきたすべての道の世界は、仏道も含めてすべて師から弟子へと直伝されてきた世界である。師の人格と声に直接に触れて、技《わざ》なら技、知慧《ちえ》なら知慧は、生きたそれとして直接に私たちに伝えられてきたのである。一人の声聞として、私たちはそれらを師から受け嗣《つ》ぎ、次の世代へとそれを伝えていく。

静かに自分を顧《かえり》みれば、私たちの一人一人は祖父母や親や友達や教師をはじめとする多くの生きた師たちの中にあって成長し、運がよければ生涯のある時に、真に師と呼び得る人に出遇《であ》う。むろんそれは求めなくては出遇えないが、求めさえすれば必ず師は現われてくる。

師と出遇った時に、私たちは事実として声聞になるのであり、声聞になることができれば私たちの生涯は基本的に全面的にその方向性を保証されるのである。

現代社会の大きな不幸、欠陥のひとつは、社会的に真に師と呼び得る人が存在せず、したがって声聞も存在しない、ということであろう。このことは逆に、声聞（求める人）がいないから師が存在しないということでもあり、そのような社会になったのは戦後の民主主義が、消費主義の浸透と相まって、個人主義へ自我主義へと無目的に展開されてしまったからにほかならない。

消費生活や個人（自我）生活には、それなりの意味はあるにしても、人間はそれらを超えたより重要な意味性（と感じられるもの）、あるいは価値性を求める存在であることに、私たちは自分の内面の本当の声を聞くことを通して気づかねばならない時に来ている。

私たちの一人一人は、よく見れば親や祖先や友人たちをはじめとする他者から成り立っているのであり、食物や情報をはじめとする他物から成り立っているのでもある。私たちがそれから成り立っている他者・他物の中で、最も喜ばしく意味あるもののひとつが師なのであるが、師とは真実の喜びと意味性を私たちにもたらしてくれる存在の別名であり、その人の声聞になったとしても私たちの民主主義、ましてや基本的人権はいささかも失われる性質のものではない。

私の経験からすれば、まず私が師を求めるのでなくては、師は現われてはこない。師を求めることは、自分の真実の喜び、意味性を求めることである。そうすれば、それとして師が必ず現われてくる。声聞と師、私と他者とは、一体となったもう一人の私であるからである。

観音経が、もし人が観世音菩薩の名を呼ぶならば、観世音菩薩は声聞の姿に身を変じて私たちの前に現われるだろう、と約束しているのは、人間性のそのような事実に基づいてのことなのである。

声聞の限界

師の声を聞く、つまり自分自身の本来の声を聞くことは、この世のなによりの喜びであり、意味性であり、価値でもあるが、では犯罪史上例を見ない数々の凶悪事件を引き起こしたオウム真理教の松本智津夫被告のような声を師の声として聞いた人はいったいどうなるのか、という疑問がここで当然起こってくる。松本被告のみならず、私たちは大なり小なりにいかがわしい宗教団体や宗教的なグループの情報に事欠くことはなく、師と選んだ人がじつは自分と同じく大いに欠けた人間であることに直面することもしばしばあろう。

初期の仏教史上にあって、声聞に対比されるものとして、菩薩という概念が導入されたのはここに理由がある。

私たちは、自分の真実の声としての師を選んでその声聞となるのだが、その真実の声が本当に真実の声であるかを判断する基準は、実際のところどこにも存在しない。

自分がそれを事実と実感することが、唯一の基準であろう。けれどもその唯一の基準が、じつは大いなる幻想であることがしばしば起こるのだから、声聞の立場はいつでもそれを選び取る以前と同じく、じつはあやふやな無目的性、無意味性にさらされてもいるといわざるを得ない。

これに対比される菩薩性は、菩薩の根本戒である「四弘誓願《しぐせいがん》」によって、いわゆる声聞に起こりがちな欠陥を厳しく補おうとするものである。

一、衆生《しゅじょう》無《む》辺《へん》誓願《せいがん》度《ど》

生きとし生けるもののすべてを度《すく》いとることを誓願します。

一、煩悩《ぼんのう》無《む》尽《じん》誓願《せいがん》断《だん》

自分の煩悩（憎しみ、怒り、欲など）は尽きないゆえに、限りなくそれを断っていくことを誓願します。

一、法門《ほうもん》無《む》量《りょう》誓願《せいがん》学《がく》

教えの門は無量無数だから、いつまでも限りなく学んでいくことを誓願します。

一、仏道《ぶつどう》無《む》上《じょう》誓願《せいがん》成《じょう》

仏法には究極というものがないから、生涯どこまでもそれを極めていくことを誓願します。

このように誓願して万物万人のために菩薩道に入った菩薩《ひと》を師と選び、自らもまた一人の菩薩としてその道に入って行くならば、人間のすることだからそれにしても誤りはあるだろうが、その誤りの質はどんなに大きくても社会的犯罪までには到らず、人間性に許容される範囲にとどまることができるだろう。

私としては、個人的にタイ仏教（上座部仏教）の素晴らしい声聞僧の方にお遇いしており、声聞という立場を先にも書いたようにこの上なく大切なものと考えているのだが、その一方で、ともすればそれが陥ることもある欠陥を補うために、改めて「四弘誓願」に依《よ》って立つ菩薩性という人間性の大切さを思わぬわけにはいかない。

観世音菩薩が、声聞のみならず、独覚としても、菩薩としても、ブッダ（たち）としても姿を現わすと誓っているのは、人間性の多様性にどのようにも対応するためであると同時に、単一の人間性（例えば声聞性）のみでは他に盲目になることもある人間性を鋭く見抜いてのことだったと思うのである。

森羅万象の教え――双方向性としての観音性

白木蓮

白木蓮が　咲きはじめた
白色《はくしょく》 白光《びゃくこう》
生死一如の
南無観自在菩薩が　咲きはじめた

人は　佛は眼に見えないといい
宗教は　虚偽であるといい
観自在菩薩の浄土などは　存在しないというが

それは　その人の無知と
傲慢と怠惰を　表明しているだけのことで
ただこの悪い時代に
流されているだけのことである

宗教というのは
究極の生理学であり　経済学であり
究極の科学そのものでさえあるのだから

生理学を拒むことはできず

経済学を拒むことはできず
全科学を拒むことはできないように

私たちは　宗教を拒むことはできない
（ただし　破戒非道のそれを除く）
拒むとすれば　それはこの悪い時代の
傲慢と怠惰と無知に
ただ身を任せているだけのことである

白木蓮の　花が咲きはじめた
白色白光　永劫回帰
生死一如の
南無観自在菩薩が　咲きはじめた

私たちは、宗教というものをもう一度、新しい形で社会の根底に据《す》え直さなくてはならない時に来ている。

人間が生死《しょうじ》する存在である限り、農業のように、工業のように、医療のように、科学そのもののように宗教は必要であるのに、伝統的諸宗教は形骸化して力を失い、新興の諸教は非道をくり返して、宗教者であることはあたかも社会的害悪であるかのような風潮が、ますますこの国の全体をおおいつつある。

宗教の危機は、当然のことながら人間性の危機なのだから、伝統的諸宗教・諸宗派に属する者も、新興の諸教・諸宗派に属する者も、深く自らを顧《かえり》みて、本当の宗教性とは何か、本当の人間性とは何かを、真面目に真剣に誠実に問い直さなくてはならない。

双方向性を荷った神々

三十三身に変身するという観世音菩薩《かんぜおんぼさつ》の、変身の五、六、七番目には、いずれもヒンドゥ教の神々が登場する。

「観世音菩薩大士は、ある衆生たちにはブラフマー神の姿をして教えを説き、ある衆生たちにはシャクラの姿をして教えを説き、ある衆生たちにはガンダルヴァの姿をして教えを説く」

と、観音経には記されてある。

古代のヒンドゥ教がバラモン教と呼ばれているのはごぞんじの方も多かろうが、バラモン教というのはブラフマナ教がなまったもので、その中核をなすのはブラフマンという哲学概念であると同時に、それが人格化されたブラフマー神である。

つまり観音経は、観世音菩薩はヒンドゥ教の中核神であるブラフマー神にも変身して教えを説くと告げているのであり、仏教とヒンドゥ教の間にある壁をいとも簡単に飛び超して、その壁を無化してしまったのである。

つづいて登場するシャクラ（帝釈天）というのは、ブッダの生誕より約八百年前に編集された、インド最古の文献である『リグ・ヴェーダ』に登場してくる大神で、一般的にはインドラと呼ばれている神である。

『リグ・ヴェーダ』は、ヒンドゥ教の最古の根本聖典であり、インドラはその内で最も強力な神として登場するのだから、観音経はここでもまたヒンドゥ教との垣根を無化して、ヒンドゥ教の神として教えを説く観世音菩薩というものの姿を設定しているのである。

七身目のガンダルヴァというのは、やはり『リグ・ヴェーダ』以来のヒンドゥ教神話に登場してくる神で、天上および水中の両方に住む精霊的な存在である。リグ・ヴェーダ神話では、天上には天水と呼ばれる水の貯蔵庫があることになっているが、そこにはアプサラスと呼ばれる精女が住んでおり、ガンダルヴァはその夫でもある。それと同時に太陽が水面に反射して、千々《ちぢ》にきらめくその光がガンダルヴァであるともされており、観世音菩薩はそのような精霊神としても教えを説くというのである。

仏教ではこの神は乾闥婆《けんだっぱ》と表記されて、いくぶん下位の神であるかのようだが、本来は水面や天界に千々に散乱する光の粒子にその源を持つ、美しさのひとつの極《きわみ》でさえある神であった。

ブラフマン（ブラフマー神）というのは、この世界の森羅万象《しんらばんしょう》を出現させた源の力であると同時に、現に森羅万象としてこの世界を構成している実在そのものの哲学概念である。さらにインドラ神というのは、この世界を現実に支配している武力神であるから、観世音菩薩がそのようなものとして教えを説くということは、一方では仏教をヒンドゥ教化しつつ、他方ではヒンドゥ教を仏教化するという双方向性を、この菩薩は荷《にな》っていることになる。

実際に、ネパールや北部インドにおいては観世音菩薩はローケシュバラ（観世自在神）と呼ばれて、仏教の菩薩でありながらヒンドゥ教の神とも見なされており、人々はそれぞれの自分の立場においてそれを礼拝《らいはい》している。

これまでに何度もくり返し記してきたように、観世音菩薩というのは、私たち人間の世界に見られる、大慈（深いいつくしみの心）と大悲（深く悲しみを共有する心）という感情を人格化したものであるから、その心が湧出するところであれば、仏教徒であろうとヒンドゥ教徒であろうと、キリスト教徒であろうとイスラム教徒であろうと、あるいは全くの無宗教者であろうと、そのような枠は関係なしに現出してくるものである。

人間（自分）の心を少しでも深くのぞきこんで見れば、イスラム教徒であろうとキリスト者であろうと、仏教者であろうとヒンドゥ教徒であろうと、無宗教者であろうと、そこには「愛」という光があり、「慈」という光があり、「悲」という光が宿っていることを見ないわけにはいかない。その光を深くどこまでも大切にしていくことが宗教なのであり、対立してお互いを排除していくことは、これまではいざ知らず、これから私たちがつくり出していく宗教であるはずはない。

私たちは、あくまで伝統から学びつつも、そこに新しい時代に特有の課題を組みこんでいかなくてはならないし、自分の立場を深めつつも、他教や他宗派の教えの中にはその立場と全く同じことやそれ以上のことも説かれていることを、当然の前提として受け入れるのでなくてはならない。

自分のみを善しとするこれまでの独善の宗教から、自分をも善しとする相対の中の絶対の宗教へと、これからの宗教は大きく変換されなくてはならない。

宗教性が人間性の根幹であるからには、人間性においてコミュニケーションという双方向性が必須であるように、他教他宗派と際限もなく交わっていく双方向性が、宗教においてもぜひとも必要なことなのである。

自然物としての観音性

『リグ・ヴェーダ』にその起源を持つヒンドゥ教の神々の多くは、自然神であることにその特徴を持っている。その点では、日本の神道を構成する八百万《やおよろず》の神々と非常によく似ている。

観音性というものを、人間相互の関係性の内に現われる大慈大悲のみに限定してしまうと、それはヒューマニズムの核心こそは形成するが、自然と人間のより深い関係性というものを見棄ててしまうことになりかねない。

観音経が、ブッダ、菩薩、独覚、声聞という仏教における必須の人格性の次に、ブラフマー神、シャクラ、ガンダルヴァというヒンドゥ教の神々へも観音は変身することを説いたのは、ヒンドゥ教との垣根を無化することが大きな目的であったが、それと同時にヒンドゥ教の持つ自然崇拝の感覚を、ぜひとも自らの内に取り入れたいという半ば無意識の欲求があったためだと思われる。

私は、武力神としてのインドラ（シャクラ＝帝釈天）はあまり好きでないので除外するが、ブラフマー神とガンダルヴァ神についていうならば、ブラフマー神とは、先にも記したように森羅万象の生成因でありながら、その結果である森羅万象そのものでもある神であり、ガンダルヴァとは、天上あるいは地上の水面において千々にきらめき光る、光と水の粒子の精霊である。そのようなものへと観音が変身し、教えを説くということは、森羅万象として観音は教えを説くのであり、人間と人間の関係性に加えて、自然物そのものとして教えを説くということになる。

この稿の最初に掲げた「白木蓮」の詩の例を挙げるまでもなく、ある時ある場所において、特定の自然物が私たちにまさしく大慈大悲心そのものとして無言の内に顕現してくることとは、万人がそれぞれの経験を通して承知している真実であろう。それを大慈大悲心と受け止めるか、ただの美として受け止めるかの違いはあるにしても、その違いは根源的なものではない。

白木蓮でなく梅でも桃でも桜でも、なぜ私たちはその下に立ち止まり、ある時は、ほうと心からの感嘆の息を吐いてそれを見上げるのだろうか。その一瞬にあって、私たちの胸を充たしているものを私は観音性と呼ぶが、それをただ美しいものと呼ぼうと、神と呼ぼうと、あるいはまた慰めを与えてくれるものと呼ぼうと、それは本質的な違いではない。

私の場合であれば、それを観音性と呼ぶことによって生死が深まることが感じられ、生死が深まることは万人にとって願わしいことだと考えるゆえに、そう呼ぶだけのことである。

少し横道に外れたが、自然物と人間性の関係の内にも双方向性としての観音性は宿る。特に、古来神道という宗教感性を持ちつづけてきた日本列島人である私たちには、自然物が自然神として顕現することに違和感はない。神仏融合という日本人の伝統的な宗教感覚は、これからの新しい宗教精神を確立していく上で、大いに役立つ感覚になるだろうと思う。

三十三の応現身——自分自身を映し出す鏡

「慈悲」「慈愛」の人格化

これまでに観世音菩薩《かんぜおんぼさつ》の変身の例を七つほど見てきたのだが、ここで三十三変化身《へんげ》の全体を見ておくことにしよう。

三十三変化身といっても、それはむろんファンタジーやオカルトの中の出来事ではない。これまでにくり返し記してきたように、観世音菩薩とは、私たちの内面および私たちを取り囲む世界に実在している「慈悲」、あるいは「慈愛」の感情を人格化したものであるから、その感情が立ち現われる場には常に実在として観世音菩薩は存在する。その現われ方が一様ではなく、じつに様々な形を取ることは、私たちの日常経験からして充分に納得していただけることだと思う。

日常生活において、私たちの心に「慈愛」あるいは「慈悲」という感情が起こるならば、そこに観世音菩薩は立ち現われているのであり、私たちを取り囲む人々や自然環境や、もたらされる様々な情報において、私たちがつくづくと慰められたり喜ばされたり、元気づけられたり励まされたりするならば、当然のことながらそこには観世音菩薩が立ち現われておられる。

観音経《かんのんきょう》が観世音菩薩の三十三変化身を記したのは、そのようにその場その場に応じて無限に現われる「慈愛」、あるいは「慈悲」の形を、三十三にとりあえずまとめて提示しただけのことである。

一、仏身《ぶっしん》　仏の姿で現われる。

二、辟支仏《びゃくしぶつ》身　聖者の姿で現われる。

三、声聞《しょうもん》身　仏の弟子の姿で現われる。

四、梵王身《ぼんのう》　ブラフマンの姿で現われる。
五、帝釈《たいしゃく》身　インドラ神の姿で現われる。
六、自在天《じざいてん》身　シバ神の姿で現われる。
七、大自在天《だいじざいてん》身　大シバ神の姿で現われる。
八、天大将軍《てんだいしょうぐん》身　転輪王《てんりんおう》の姿で現われる。
九、毘沙門天《びしゃもんてん》身　毘沙門天の姿で現われる。
十、小王身　地方首長の姿で現われる。
十一、長者身　金持の姿で現われる。
十二、居士《こじ》身　普通の男性の姿で現われる。
十三、宰官《さいかん》身　高官の姿で現われる。
十四、婆羅門《ばらもん》身　ヒンドゥ教僧の姿で現われる。
十五、比丘《びく》身　行乞僧《ぎょうこつそう》の姿で現われる。
十六、比丘尼《びくに》身　行乞尼僧の姿で現われる。
十七、優婆塞《うばそく》身　在家仏教者（男）の姿で現われる。

十八、優婆夷身《うばい》　在家仏教者（女）の姿で現われる。
十九、長者婦女身《ぶにょ》　金持夫人の姿で現われる。
二十、宰官婦女身　高官夫人の姿で現われる。
二十一、居士婦女身　普通の女性の姿で現われる。
二十二、婆羅門婦女身　ヒンドゥ尼僧の姿で現われる。
二十三、童男身《どうなん》　小さな男の子の姿で現われる。
二十四、童女身《どうにょ》　小さな女の子の姿で現われる。
二十五、天身　様々な天の神の姿で現われる。
二十六、竜身　竜神の姿で現われる。
二十七、夜叉《やしゃ》身　悔い改めた鬼類の姿で現われる。
二十八、乾闥婆《けんだつば》身　ガンダルヴァ神の姿で現われる。
二十九、阿修羅《あしゅら》身　阿修羅神の姿で現われる。
三十、迦楼羅《かるら》身　金翅鳥《こんじちょう》神の姿で現われる。
三十一、緊那羅《きんなら》身　歌神の姿で現われる。

三十二、摩睺羅伽身《まごらが》　蛇神の姿で現われる。
三十三、執金剛身《しゅうこんごう》　金剛杵を持つ守護神の姿で現われる。

人間性の生理学

現代語化された観音経の本文によって、この三十三変化身が説かれた部分を引きつづき見ると、次のようになっている。

「夜叉（ヤクシャ）によって教化されるべき衆生《しゅじょう》には、夜叉の姿をして教えを説き、自在天（イーシュヴァラ）によって教化されるべき衆生には自在天の姿をして教えを説き、大自在天（マヘーシュヴァラ）によって教化されるべき衆生には大自在天の姿をして教えを説き、毘沙門によって教化されるべき衆生には毘沙門の姿をして教えを説き、将軍によって教化されるべき衆生には将軍の姿をして教えを説き、バラモンによって教化されるべき衆生にはバラモンの姿をして教えを説き、執金剛神によって教化されるべき衆生には、執金剛神の姿をして教えを説く。

良家の子よ、観世音菩薩大士は、このように思議を超えた功徳《くどく》を備えているのである。それゆえに良家の子よ、じつにあなたたちは、観世音菩薩大士に供養を捧げなさい。良家の子よ、この観世音菩薩大士は、恐怖をいだいている衆生に安全をもたらす。それゆえにこのサハー世界（娑婆《しゃば》世界）において、彼の菩薩は〈旋無畏者《せむいしゃ》〉といわれるのである」


注意深く読まれた方はお気づきかもしれないが、ここに記されている変化身（応化《おうげ》身あるいは応現《おうげん》身ともいう）は夜叉以下九身で、前節までに記してきた七身と合わせても十六身にしかならない。

それは、現存しているサンスクリット語、あるいはパーリ語原文の観音経のテキストには、それしか記載されていないからである。

日本仏教で伝統的に伝えられてきた観音経は、鳩摩羅什《くまらじゅう》（三四四〜四一三年）という大訳僧が漢訳したものが、そのまま千六百年来使われているのだが、西暦四世紀から五世紀の頃には当然存在していたと思われるその原典テキストが、現在は存在しないわけである。そこで、鳩摩羅什訳の伝統的な観音経に従って変身数を数えてみると、その数は全部で三十六身ある。三十六身ある変化身がなぜ三十三身に減らされたのかは分からないが、三十三変化身という考え方が中国および日本仏教では定着して、三十三観音という思想や、京都の三十三間《げん》堂、西国《さいごく》三十三寺、秩父《ちちぶ》三十三寺、坂東《ばんどう》三十三寺などの巡礼慣習を生み出してきたことは、知っておいても無駄ではあるまい。

このような資料的なことは別に置いて、観音経の本文を、例えば、

「夜叉（ヤクシャ）によって教化されるべき衆生には、夜叉の姿をして教えを説き」

という一行によって味わってみよう。

観世音菩薩が夜叉に身を転じて教えを説くのは、観音が自らの神通力《じんづうりき》を誇示して夜叉にさえもなれるといっているのではなくて、教えを聞くその相手にとっては、夜叉

の身であることが最も理解されやすいがゆえに夜叉の身になるのだということが、お分かりいただけるだろう。

観音が、十六身なり三十三身なり三十六身に変化するのは、その教えを聞く相手が最も理解しやすい姿に身を変えるためであって、いささかも神通力を誇示するためなのではない。それゆえにその変化身は、より正確には応化身あるいは応現身と呼ばれる。私たちの身の在り方に応じて、どのような姿でも観音は現われるというのである。

このことは、キリスト教における、「求めよ、さらば与えられん。門を叩けよ、さらば開かれん」という教えと、全く同じ内容の宗教感情を指し示している。私たちが何かを本当に求めるならば、それは与えられるだろうし、本当に門を叩けば、その門は開かれるだろう。キリスト教の場合は、それを与えてくれ、その門を開いてくれるものは父なる神にほかならないが、観音経の場合は、すでに記したように三十三応現身をはじめとして、どのような場合においてでも姿として身を現わしてくれるのである。

このように記すと、そんなことはあまりにもオカルト的で、うさん臭いことと一般の人たちは拒絶しかねないが、これはオカルトでも神秘でさえもなく、単に人間性の生理学であるに過ぎない。

苦悩、あるいは恐怖の中で、それに抗し得ず自殺あるいは自棄していく人が後をたない昨今であるが、そのぎりぎりの絶望の中にあって、もしその人が「南無《なむ》観世音菩薩」と称《とな》えるだけの気力を持っているならば、その気力こそはその人の保持する観音性なのであり、その気力に応じた世界がそこから展《ひら》かれていくのは、生理学であると同時に心理学の当然である。

世界というと大げさなようだが、私たちはこの世界の内にあって、私たちという鏡に映し出された私たち自身という世界を見ている存在である。世界とは、私たち自身に映し出された世界に過ぎないのである。それゆえに私たちが、気力をふりしぼって、「南無観世音菩薩」と願えば、その気力に応じた世界が展かれるのはオカルトでも神秘でもなく、ただに生理学の必然なのである。

どんな状況にあっても、その名を呼べば必ず姿を現わしてくれるという観音性が、オカルトであったりいかがわしい神秘性であったりするならば、そんなものはとっくに歴史において淘汰されてしまっている。人類という種は、最長で百年間ぐらいはいかがわしい思想（例えば資本主義）や宗教（例えば消費経済教）にだまされつづけるかもしれないが、千年単位でそれにだまされつづけるほどに愚かではない。すでに二千年の歴史に耐えてきた観音性という人間性が、いい加減なオカルトや神秘であるわけがないのである。

音楽のようなもの

この章で三十三応現身の全体を見たので、それに呼応して成立してきた三十三観音という伝統も同時に記しておきたい。

三十三観音というのは、経典に記されたものではなく、観音信仰の広がりとともにいつの頃からかいわれるようになった民俗のようなもので、主として中国において形成されて日本に伝わって来たものである。

楊柳《ようりゅう》観音、竜頭《りゅうず》観音、持経《じきょう》観音、円光《えんこう》観音、遊戯《ゆげ》観音、白衣《びゃくえ》観音、蓮臥《れんが》観音、滝見《たきみ》観音、施薬《せやく》観音、魚籃《ぎょらん》観音、徳王《とくおう》観音、水月《すいげつ》観音、一葉《いちよう》観音、青頸《しょうきょう》観音、威徳《いとく》観音、延命《えんみょう》観音、衆宝《しゅうほう》観音、岩戸《いわと》観音、能静《のうじょう》観音、阿耨《あのく》観音、阿摩提《あまだい》観音、葉衣《ようえ》観音、瑠璃《るり》観音、多羅尊《たらそん》観音、蛤蜊《こうり》観音、六時《りくじ》観音、普悲《ふひ》観音、馬郎婦《めろうふ》観音、合掌《がっしょう》観音、一如《いちにょ》観音、不二《ふじ》観音、持蓮《じれん》観音、灑水《しゃすい》観音

聞いたことがある名もあり、聞いたこともないような名も多いかもしれないが、中国の庶民の間で形成されたこれらの三十三観音は、いずれも私たちの人間性の内に宿り、また私たちを取りまく他者や自然環境の内に見られる、「慈悲」あるいは「慈愛」の宗教感情を人格化し造形化したものにほかならない。

これは音楽のようなものである。

私たちの内面、および私たちを取りまく世界には、様々な音楽が無言の内に流れているが、それが楽譜化され音曲化されない限りは、私たちはそれを音楽として聴くことができない。

私たちの観音性は、春を告げる柳の葉の緑として現われ、雨をもたらす竜として現われ、むろん経典《きょうてん》を持つ者として現われ、円いオーラを放つ者としても現われる。以下三十三様に現われるのだが、むろんそれらに限定されるものではない。

私たちの周囲にあって、私たちを心から元気づけてくれるもの、慰めてくれるもの、喜ばせてくれるもの、癒してくれるもの、励ましてくれるもの、等々の底にあるのは観音性そのものにほかならない。私たちの生命は、基本的には観音性として存在し、私たちの世界もまた基本的には観音性として存在しているのである。

究極の観音性——「こころ」の場としての太陽系地球

慈、悲、愛

観世音菩薩が三十三身に応現することについて、引きつづきそれが物語の中の出来事ではなくて私たちの現在において絶えず生起している事実であることを、見ていかなくてはならない。

そのことの内には、観世音菩薩の本質であり実体である、慈悲あるいは慈愛という感情が、現代社会にあってもなお有効なのかという社会学的ないし文明論的なテーマも含まれている。私はむろん、現代社会にあっても慈悲や慈愛という人間感情は有効であるどころか、その逆に私たちが慈悲や慈愛という人間感情を喪失しつつあるところにこそ、現代社会と文明の危機がひそんでいると見る者であるが、その一方で〈慈悲をたれる〉という言い方に象徴されているように、その言葉がすでにマイナス要因の濃い言葉として社会的に定着していることも充分に承知しているつもりである。

そこでまず、慈悲、慈愛という言葉を形成しているそれぞれの文字が、どのような人間性の象徴として造形されてきたかを、私の枕頭《ちんとう》の書の白川静先生の象形文字の起源辞典である『字統』によって調べてみよう。

慈悲、慈愛、という言葉を形成する、慈、悲、愛、という三つの漢字にはいずれも心という文字が含まれていて、この三つの文字がいずれも私たちの心の状態の現われを示していることはいうまでもない。

『字統』によると、まずその「心」という文字は心臓の形を象《かたど》ったものである。それをここに図示できないのは残念だが、心とは、私たちのいのちの核である心臓（脳ではない）から発せられるこころなのであり、それを別の言葉でいえば、私たちの生命を維持・展開していくDNA（遺伝子）戦略の臓器《ぞうき》としての意思から発生してくるものが、こころなのである。

次に「慈」という文字の元は「茲《しげる》」で、これは二つ並べた糸の束を象ったものだという。糸という文字自体が、繊維からヨリ出した糸の束の象形である。それゆえに慈という文字は、親が子供を育む時の、しげりたてよ、と願う心を造形化したものであるという。むろん慈は慈《いつくし》むと読むが、古くは子という文字自体も子《いつくし》むと読んで、親の子供に対する自然感情を造形化し、意味化したのが「慈む」という文字であり、言葉であった。

次に「悲」であるが、非は元々はすき櫛《ぐし》のように左右に細かい歯の並んだ櫛の象形であるという。それがどうして、非《あらず》という否定の意味を持つようになったのかは不明とされているが、その非《あらず》に心がついて悲となった時、それが正常の心を保てないほどの悲痛の感情を示す言葉になったことは、あえて記すまでもないだろう。古くは、悲は「悲《いた》む」とも読んだという。

最後に「愛」という文字は、後ろを顧《かえり》みて立つ人の形の中に心をはめこんだ文字であるという。これも図示できないのが残念だが（『字統』にはすべてその文字の原像が分かるように図示されてある)、造形の源からすると、愛とは、別れようとして別れられず振り向く、人間の愛着の感情を示している文字ということになる。

なお、『説文《せつもん》』という中国の古代漢字文献には、慈は愛なり、とも記されていて、慈と愛とを成立は異なるものの、同義の言葉として用いることがすでに行われていたという。さらにつけ加えるならば、愛には、「愛《いつくし》む」とも「愛《したし》む」ともする訓《よ》みが、昔からあった。

以上のことをもう一度簡単にまとめると、

慈は、親が子を育てるようにいつくしむ感情

悲は、心がなくなるほどにかなしみ痛む感情

愛は、別れられないその感情

と、理解してよいであろう。

慈しみ、慈しまれ、悲しみ、悲しまれ、愛し、愛される

大慈、大悲、慈悲、慈愛、愛という感情を中核とする宗教的心情が、東洋と西洋と

を問わず現代社会において力を失いつつあるのは、現代社会における価値観の基本が、個人および貨幣という二つの要素に置かれるようになったからである。

生まれながらにして基本的人権を持つ個人の集合である現代社会にあっては、生きることの基本はその個人の人権の自由な主張であって、何に育まれるのでも、誰に慈しまれるのでもない。親が子供を育てるのは、極端にいえば基本的人権を持って生まれてきた子の人権を奪うことはできないからであり、子からすればそれは産み落とした親の当然の責任である。

個人が人間性の原点である社会においては、家族や親子という、本来最も慈愛な関係である関係性においてすらも、慈しみ、慈しまれ、悲しみ、悲しまれ、愛し、愛される感情は稀薄化の一途をたどる。

一方で、貨幣やクレジットカードで欲しい商品がいくらでも買える（むろん、それを持っていればだが）この社会にあっては、全商品の源である自然界の恩恵というものが少しも見えてこない。私たちは、太陽なしには一日も生きていられないのだが、太陽は無料であるゆえに、誰も有り難いとは思わない。水なしに生きてはいけないが、水は逆に水道料を払って購入しているものゆえに、感覚としては蛇口《じゃぐち》から出てくるのが当然の商品である。

衣食住をはじめとする生活上の必需品は、すべて貨幣によってもたらされるから、貨幣こそは終局の価値であるが、その貨幣の流通はむろん不平等であり、身を粉にして働かねば入手できないものであるから、当然のことながら手放しにそれを価値として受け入れられるものではない。

個人主義と貨幣主義（市場主義自由経済）という二つの柱によって成り立っている現代社会においては、慈しみ、慈しまれ、悲しみ、悲しまれ、愛し、愛されるという宗教的心性を、価値として経験することも、学ぶことも、みがくことも必須の事柄ではなくなってしまったのである。

無数の商品に溢れた欲望砂漠、無数の個人に溢れた孤独砂漠によって、極端にいえばこの現代社会は成り立っている。

観音経という、現代人にはもう見向きもされなくなった古い経典を、わざわざここに持ち出して、あえてその森を歩くという時代錯誤を、私が試みているのは、現代社会のその個人主義的構造、現代文明のその欲望砂漠的な構造には、むろん善いところも多々あるけれども、当然のことながら大いなる欠陥があると思うからである。

その欠陥は、根本的にはすでに見たように、人間生命のDNAレベルからの発露である「こころ」というものが、充たされるべき場所を持たないことにある。「こころ」は、慈しみ、慈しまれ、悲しみ、悲しまれ、愛し、愛されることにおいてこそ充たされるものであるが、個人性という神話、貨幣という神話が支配しているこの社会にあっては、その正当な場を獲得することができない。

一九七〇年代前後から出現してきた、ニューエイジ文化、あるいは精神世界志向の潮流は、まさしく社会の中にそのような場を見出し、創り出そうとする不可欠の動きで、むろん私もその一翼をになうのであるが、私の場合の精神世界志向性は、二千年、三千年と継続してきた伝統的な宗教の諸概念（古い革袋）に現代の解釈を付加して（新しい酒を充たす）、新しい生命を獲得することにあり、当然のことながら伝統宗教をそのままに復興しようとするものではない。

生きた菩薩あるいはカミとしての実在

この現代社会にあって、私たちがいささかも慈しみ、慈しまれ、悲しみ、悲しまれ、愛し、愛される存在ではないのならば、観世音菩薩はもはやこの世界にはいない。百年前にニーチェが〈神は死んだ〉といったのと同じように、観世音菩薩は死んだのである。

しかしながら逆に、いささかでも、慈しみ、慈しまれ、悲しみ、悲しまれ、愛し、愛されることが残存しているならば、まさにその感情・感覚そのものとして、観世音菩薩は生きた菩薩としてあるいはカミとして、この世界に実在しておられる。私たちにとってその感情・感覚が善いものであるか、好ましいものであるかを、徹底して検証していけばよい。私たちは教団に所属しているわけではないから、観世音を肯《よ》しとするのも、不用とするのも全く個人の自由にゆだねられている。

私はこの三十年来、自分の内なる、また自分の外なる観音性を肯しとして、つまりカミとして、菩薩として大切にし礼拝《らいはい》もしてきたが、そのことによって私の自由と個人性が損なわれることは、全くなかった。なぜなら、慈しみ、慈しまれ、悲しみ、悲しまれ、愛し、愛されることは、私の生命性そのものであり、個人性や自由という近代の概念をはるかに超えたことだからである。

先に、私たちは太陽なしには一日も生きられないが、それが無償であり当然であるがゆえに、あえて誰も価値とするものはいないと記した。

昔の日本、というよりつい五、六十年前までの日本の社会には、朝起きて顔を洗い、太陽に向けて合掌《がっしょう》し、真言《しんごん》を唱える人、あるいは柏手《かしわで》を打って感謝の気持を捧げる人たちが少なからずあった。それは封建的なことでも、迷信的なことでもなかった。

太陽に向けて合掌し、柏手を打てば、その瞬間に太陽はその人のものとなり、そのエネルギーをその人に個人的に注ぎこんでくれる。太陽という究極の観音性が、全く個人的に私たちを慈しんでくれたのである。

太陽は、私たち太陽系の住民を全く超越した究極のカミであるから、私たちが祈ろうが祈るまいが、満遍《まんべん》なく平等にその恩恵を与えてくれるが、例えば前節でご紹介した三十三観音の内の「水月《すいげつ》観音」を例に挙げれば、この観音様はそれほどの超越存在ではない。

けれども、「水月観音」とは、澄んだ水に映し出された月を、私たちの認識構造を美しく慈しむもの、悲しむもの、愛するもの、つまり観音性の示現として大切にすることであるが、もしその水がどろどろに濁り、ダイオキシンが含まれ、放射能さえ含まれているならば、私たちはそこに映る月を「水月観音」として讃えることにできない。

水は、私たちの工業力と消費活動によって、もはや素朴には礼拝できないほどに汚染されてしまったのである。

水が、私たちの生命を慈しみ育て、愛し育んでくれる源であることは、太古も現代も変わりないのだが、ひとつにはそれが商品としての水道水になってしまったこと、ひとつには汚染された川や湖や海としてしか眼に映らないことによって、その慈性の大半を失ってしまったのである。

「水月観音」というひとつのイメージ力、あるいは実在力を今もなお私たちが持つことができるならば、今度は私たち人間の側から、水の浄化という社会的発言や行動を起こしていくことが、私たちの内なる観音力の発露となる。汚染された水を悲しむ心もまた、観音性にほかならないのである。

都市の川が真っ黒などぶ川に定着してしまったことを、喜ぶ人は万人に一人もいないであろう。そうであるからには、私たち自身の暮らし方の改変も含めて、その川の水を百年前の飲める水の川に戻したいと願うことは、私たちの内に、「水月観音」という観音性が昔ながらにまだ宿されていることを意味している。

個人主義と市場主義自由経済が、これからも無限に欲望を開発しつづけていくとしても、地球上の全生命は地球自身の生態系に限定されて、慈しまれてここに開花する以外に、開花のしようがない。太陽系地球というこの場こそが、二十世紀半ばを過ぎてようやく私たちに認識され始めた、現代の新しい究極の観音性であった。

地球といっても、私たちは宇宙飛行士ではないから、地球全体を鳥瞰《ちょうかん》することなどはできない。私たちが住み、暮らしているその場所が即ち地球なのであり、その場所に慈しまれてこそ、じつは私たちは生きつづけることができ、死んでゆくこともできる。

観音性の実体である、慈、悲、愛という感情・感覚は、人間性が存続する限りは存続するのであり、個が個として暴走することを許さないと同時に、市場経済がこの地球自体をわがもの顔に喰い尽くすことを許しもしない。

人と人が慈しみ合い、悲しみ合い、愛し合い、自然環境と人が慈しみ合い、悲しみ合い、愛し合う観音性は、現代社会であるからこそ、神秘的でもあり合理的でもある親《しん》和《わ》力《りょく》として、深く要請されるものと考えるのである。

神へ、人へ、自然へ——様々に応現する観音性

ヒンドゥ教の神々への応現身

観世音菩薩《かんぜおんぼさつ》が三十三身に応現することに主題を戻そう。

これまでに見てきたのは、仏身《ぶっしん》、辟支仏身《びゃくしぶっしん》、菩薩身、声聞身《しょうもんしん》、梵王身《ぼんのうしん》、帝釈身《たいしゃくしん》、乾闥婆身《けんだつばしん》の七身であったが、さらに観音経《かんのんきょう》は、次のようなヒンドゥ教の神々へと観音は変身して現われるとする。

一、自在天身
一、大自在天身

一、毘沙門天身《びしゃもんてんしん》
一、婆羅門身《ばらもんしん》
一、婆羅門婦女身《ばらもんぶにょしん》
一、天身
一、竜身
一、夜叉身《やしゃしん》
一、阿修羅身《あしゅらしん》
一、迦楼羅身《かるらしん》
一、緊那羅身《きんならしん》
一、摩睺羅迦身《まごらがしん》

先にご紹介したブラフマー神（梵王身）、インドラ神（帝釈身）、ガンダルヴァ神（乾闥婆身）の三神を加えると、三十三身の応現身の内じつに十五ものヒンドゥの神々および身分に、観音は変身することになる。

仏教、特に大乗《だいじょう》仏教がいかにヒンドゥ教を意識し、ヒンドゥ教を自らの内に取り入れようと努めていたかが、この一事からだけでも充分に伝わってくる。

よく知られているように、大乗仏教はこれらのヒンドゥ教の神々を「天・竜・八部衆《はちぶしゅう》」として別格におき、仏法《ブッダダルマ》を守護する神々と性格づけて、ヒンドゥ教徒との融和をはかるとともに、あくまでも仏法《ブッダダルマ》としての立場を推し広めていったのである。

ヒンドゥ教の神々にあまり親しみのない日本人の読者に、一々の神々の説明を詳しくすることはしないが、ひと通りの知識だけは持っていただいても無駄にはなるまい。

一、自在天身および大自在天身とは、ヒンドゥ教の三大主神の内のシバ神のことである。シバ神は一般的にはこの世界の創造と破壊の双方を司るとされ、ヒンドゥ社会においては現代にあっても絶大な位置を占めているが、観世音菩薩はまさしくその大シバ神に変身する。大シバ神が慈悲・慈愛のふるまいをする時、そこには観世音菩薩が現われているのだと見るわけである。

一、毘沙門天身とは、ヴァイシュラヴァナ神の音写で、多聞天《たもん》と訳される。この神はあまねく人々の願いを聞きとる（多聞）という、リグ・ヴェーダ時代からの古い神で、観世音菩薩と非常に近い性質を持っている。毘沙門天は原始仏典の長阿含経《ちょうあごんきょう》でもすでに登場していて、観世音菩薩という仏格の形成にも深い影響を与えたのではないかと考えられる。

一、婆羅門身、婆羅門婦女身は神ではなく、ヒンドゥ社会の最上カーストを形成する人たちである。ヒンドゥ社会の根幹であるバラモン階級（司祭階級）のすべての人たちとして観音は現われる、というのだから、ここではもう仏教とヒンドゥ教の境目はなく、どちらがどうなったとしても、慈悲・慈愛さえ現出されれば、それが仏教であり、ヒンドゥ教であることになる。

一、天身とは先にも記したように、仏教の守護神とされたヒンドゥ神の呼び名だから、逆にいえばすべてのヒンドゥ神はそのまま天身となる資格を持っているということができよう。

一、竜身とは、ナーガ神のことで、もともとはインド原住民の間で祀《まつ》られていた蛇神であったが、ヒンドゥ教に取り入れられて、その三大主神の内のひとつのヴィシュヌ神と合体した。ナーガはまたシバ神とも合体して、ヒンドゥ世界においてなくてはならない神となったが、一見して恐ろしいその竜蛇神としても観音様は現われる。

一、夜叉身、阿修羅身、迦楼羅身、緊那羅身、摩睺羅迦身の五身は、天、竜につづく八部衆と呼ばれている神々である。神々というよりは鬼類に近く、その多くはインド原住民の間で信仰されていた土着神である。

例えば迦楼羅は、原音はガルダ(金翅鳥《こんじちょう》)で、これはインドネシアのガルーダ航空の名前として現在も生かされており、ヒンドゥ世界にあってはヴィシュヌ神の聖なる乗りものの位置を獲得している。

紀元前十六世紀頃に、アリアン人(インド・ヨーロッパ語族)と呼ばれる人たちがインド西北部のパンジャーブ地方から侵入して来て、インド原住民と混交しつつヒンドゥ文明を形成していくのであるが、アリアン人が土着神を自らの神々の体系の内に取り入れたのと同じように、仏教もまたその神々を八部衆として自らの内に取り入れたわけである。

つまり観世音菩薩は、太古からのインド原住民の神々としても現われることを、観音経において約束していることになる。

ない。

観音経独自の応身

観音経が、ヒンドゥ教の神々への観音の変身を約束していることを、大変素晴らしいことと私は考えているが、観音様が変身するのはむろんヒンドゥ教の神々だけではない。

観音経が観音経たるゆえんは、これから見ていく観音経独自の対象への変身にある。読者には煩《わずら》わしいと思われるかもしれないが、ここからが現代の観音性という視点からしても、観音経の中核をなす部分であるから、どうかゆっくりと読み味わってくださるよう、お願いする次第である。

この場合、先に記した三十三応現身の一覧を参照していただけると有り難いのだが、まず最初に天大将軍身というものから見ていこう。

一、天大将軍というのは、天に実在していると想像された理想的な為政者《いせい》のことで、転輪《てんりん》聖王とも呼ばれる。もしそのような存在があるのならば、そこに現われているものは当然のことながら観音性（慈悲・慈愛・愛・同悲同苦）である。

一、小王身というのは、地方首長と解釈すればよいが、このグローバル時代にあっては、それを一国の首相や大統領と見なすこともできるだろう。もし彼ら彼女らが国民ないし住民の幸福のために、誠心誠意を尽くすならば、そこには観音性が示現されているのであり、私たちの民主主義の原理からすれば、為政者たちには逆にそれを求めていく責任がある。

政治の根幹は、秩序の維持や経済の発展もさることながら、福祉という究極にあるとようやくこの頃私は考えているが、世界じゅうの小王たちにはより深く観音性に立ってその実現に努めてもらうよう、求めつづけていかねばなるまい。

一、長者身とは、現代であれば資本家たちであろう。資本家たちが資本のために生き、資本によって世界を支配しようとするのであれば、そこでは観世音菩薩は死んでいる。資本家たちがその資本の力によって世界にいささかでも善をもたらし、慈を形づくり、悲を形づくり、愛を形づくるならば、そこに観音性は息を吹きかえす。資本とは、本来的には、この世界に真善美を形づくるための手段に過ぎないからである。

一、居士《こじ》身および居士婦女身に観世音菩薩が応現する、という考え方こそ観音経の真髄である。

居士とは、仏教上では在家《ざいけ》の篤信《とくしん》者のことをいうけれども、一般的には私たち普通の生活者そのもののことであり、その普通の生活者としてこそ、観世音菩薩はこの世に姿を現わすと、観音経は保証しているのである。

あらゆる種類の欲望（煩悩《ぼんのう》）にまみれている私たち生活人が、そのまま観世音菩薩であるわけはないが、そうでありながらも、私たちの内にいささかでも慈愛の心が起こり、慈悲心が起こり、愛が湧き出し、同悲同苦心が起こるならば、そこに観世音菩薩は示現しておられ、応身しておられる。私たちすべての生活人は、人間性としての観音性を宿しているのだと、観音経は断言する。

ここで大切なことは、私たちの一人一人は、自身が潜在的な観世音菩薩であると同時に、他者もまた同じく潜在的な観世音菩薩であるということである。自他を等しく貫いてある観音性の象徴として、寺院の観世音菩薩像はある。そこにおいて私たちは、自らの観音性を礼拝すると同時に、他者の観音性を礼拝し、人間性の象徴としての観音性を礼拝しつつそれを自らに実現していくことにある。

一、比丘《びく》身および比丘尼《びくに》身というのは、出家した男女の僧のことである。

私たち一般の生活人に観音性は示現するのだから、そのことを専《もっぱら》に志した僧たちにそれが示現するのは当然のことである。日本の僧の多くは、私たち生活人と基本的に変わらない生活人であるとはしても、そのことによって僧を軽んじるのは筋違いで、僧たちは出家したこの道の専門家として、やはりあくまで大切にされるのでなくてはなるまい。

一、三十三の応現身の最後に取り上げるのが、童男身《どうなん》および童女身《どうにょ》である。

小さな男の子や女の子に、観音様はそのまま現われているという思想もまた、観音経のもうひとつの真髄であると私は考えている。

観音経が成立したのは、今から二千年前後以前の昔のことであるが、その頃も現在も、幼児たちの存在がそのまま私たちに深く素朴な喜びを与えてくれることに、変わりはない。

科学は知識の蓄積において限りなく進歩していくが、人間性はその主体である個人が限りなく生死して、絶えず零《ぜろ》から形成され直すゆえに、二千年前も現在もほとんど変わるところがない。

現在においても、傍《そば》に可愛らしい幼児がいてにっこり笑ってくれれば、ただそれだけで私たちの生は幸福に充たされる。むろん幼児がいつもにっこり笑いかけてくるとは限らず、現代の多くの若い父母たちが子育てを負担と感じているのも事実であるが、どのように生きたとしても生に負担はついてくるのであるから、この世界が負担だらけであればあるほど、幼児たちが与えてくれる無償の喜びは、まさしくここに示現している観音様と呼び得るのである。

子供を養い育てる生活人として私たち大人にも観音性は示現するが、育てられている子供においても観音性は示現し、そこにおいて私たち大人は育てられてもいるのだ。観音性は、ただに上から見下ろす位置から発動してくるだけでなく、ある意味では全く受身の、幼きもの、弱きもの、小さなものからも発動するし、友人同士の関係に見られるように、相等しい立場においても当然に発動している。

以上、宰官《さいかん》身と執金剛《しゅうこんごう》身とを除いて、三十三身のすべてをひと通りご紹介したわけであるが、宰官身と執金剛身については改めて説明する必要もあるまい。

観世音菩薩が、三十三身に応現するということは、どのような人間性においてもそれが善き人間性である限りにおいてそこには観音性が現われているということであり、百身であろうと千身であろうとその数字が限定されるものではない。

また、ここまで見てきた三十三身は、神々や人間性に限定されているが、私たちを養い育んでくれることにおいてこの全自然は観音性そのものであり、全自然として、森羅万象《しんらばんしょう》として、観音様は絶えず日々に示現していることを、私たちは一日も忘れてはならないのである。

無尽意菩薩——どこまでも意味を問う者

立ち上がる無尽の探求心

久しぶりに観音経の本文に立ち戻ることにしよう。

観世音菩薩《かんぜおんぼさつ》が三十三身に応現《おうげん》して立ち現われることをブッダが説き、そのように普《あまね》く示現する（普門示現）ゆえに観音は、〈安心を与えるもの（旋無畏者）〉、と呼ばれると説かれたのに対して、この経典そのものの質問者である無尽意菩薩《むじんに》が深く納得して、観世音菩薩に贈り物を差し出すくだりである。

そのとき、無尽意菩薩はブッダ世尊にこう申し上げました。

「世尊よ、私は観世音菩薩大士に供養の贈り物をいたします」

ブッダは答えられました。

「良家の子よ、今あなたが贈りたいと思うものを贈るがよい」

そこで無尽意菩薩は、幾百千金に値する真珠の首飾りを自分の首からはずし、

「善き人よ、この供養の品をお受け取りください」

と、その品を観世音菩薩に差し出しました。けれども彼は、それを受け取ろうとしなかったので、無尽意菩薩は観世音菩薩にさらにいいました。

「良家の子よ、あなたは私たちに慈しみを示して、この真珠の首飾りを受け取ってください」

そこで観世音菩薩は、無尽意菩薩に慈しみを示し、四種の会衆および天の神々、竜、ヤクシャ、ガンダルヴァ、アスラ、ガルダ、キンナラ、マホーラガ、人間と人間以外の者たちにも慈しみを示して、無尽意菩薩からその真珠

の首飾りを受け取りました。

受け取ると観世音菩薩は、それを二つに分け、そのひとつをブッダ世尊に捧げ、いまひとつを、正しいさとりを得た尊敬すべきもう一人の世尊である多宝如来《たほうにょらい》の宝玉《ほうぎょく》からなる塔《ストゥーパ》に供えました。

「良家の子よ、観世音菩薩はこのような神変によって、この娑婆《サハー》世界を遊歴するのである」

と、ブッダは語られました。


ここまでで観音経の散文部分は終わり、次からはこれまで散文で述べられてきたことを詩の形でまとめる、詩頌《しじゅ》に入るのである。

観音経の構成は、そもそもの始まりにおいて、会衆の中から無尽意菩薩という人が立ち上がって、

「世尊よ、いかなる理由があって観世音菩薩は、観世音（観自在）菩薩と呼ばれるのですか」

と問うことから始まっている。

その問いに対してブッダが答えた内容が、そのまま観音経（観世音菩薩普門品第二十五）になるわけであるから、この経典の主人公が観世音菩薩であるのは当然だが、それと同じほどに大切なのが、それを問うた無尽意菩薩という存在であると私は考える。

これまでにくり返し記してきたように、経典に登場してくるあらゆる仏や菩薩たちは、架空の存在ではなくて、私たちの人間性や社会に明らかにその種子を持っている存在である。

無尽意菩薩が、

「世尊よ、いかなる理由があって観世音菩薩は観世音（観自在）菩薩と呼ばれるのですか」

と、ブッダに問うたのは、まさしく観世音菩薩の実体《リアリティ》はどこにあるのかを問うたのであるが、それを問う無尽意菩薩自身の実体《リアリティ》をもここでは考えてみたいと思うのである。

無尽意菩薩の原語は、アクシャヤマティ（Aksayamati）で、その意味は、尽きることのない（アクシャヤ）、意志あるいは理解力（マティ）ということである。漢訳された無尽意菩薩はそれゆえに正確なわけだが、ただそれだけの者として見過ごしてしまうと、何千人、何万人もの会衆の中から、なぜこの菩薩が質問者として立ち上がったのかという意味を見過ごしてしまうことになる。

むろんこれは私の解釈であるが、無尽意菩薩が大会衆の中から立ち上がって、〈観世音菩薩の実体《リアリティ》とは何か〉と問うたのは、私たちの内にあって、〈いったい全体この世界に観世音菩薩などというものが本当に存在するのか〉と発せられているその問いを、徹底的に問いつめたからにほかならない。

私たちの人間性の内には、神があるといわれれば本当に神はあるのかと問い、仏があるといわれれば本当に仏はあるのかを問う、無尽の合理精神あるいは探求心というものが宿っている。合理精神というと誤解を招きかねないから、別の表現をすれば、神といわれれば神を、仏といわれれば仏を理解したいという、文字通りに無尽の探究の意志が宿っているのである。

「信」「知」「証」

宗教というと、一般的には神を信じなさい、仏を信じなさいと、「信」ということが肝要とされているが、私たちの人間性は、古代にあっても現代においても（特に現代では顕著に）、そんなあるかないか不確かなものをあえて盲目的に信じるほどに素朴ではなく、幼稚でもない。

神が在るというが、本当に神は在るのか。

仏が在るというが、本当に仏は在るのか。

観世音菩薩というものが在るというが、本当にそれは在るのか。

私たちの人間性は、古代も現代も当然そのように無尽に問いかけつづけてきたのであり、その人間性をこそ観音経は、無尽意菩薩、どこまでも意味を問うて止まない者、無尽に意味を問う菩薩、として定着させたのである。

私としては、宗教における「信」の働きや、「信」の重要性を否定する者ではないけれども、その「信」は、「知」において了解されればされるほど不動のものとなり、「知」が充実して「知慧《ちえ》」となれば、「信」はおのずから不要のものとして身心から脱落していくことさえもある。

突然横道にそれるようだが、例えば「私は誰か」という究極の問いに向き合って、南インドのアルナチャラ山に棲《す》んだラマナ・マハリシ（一八七九〜一九五〇年）が、アルナチャラ山そのものを大《マハ》シヴァ神と観じて、その山に還《かえ》っていかれた場合において、そこに働いていたものは「信」ではなくて、明らかに「知」であり「証《あかし》」であった。

マハリシは、アルナチャラ山が大シヴァ神であると信じてそこに還ったのではなく、アルナチャラ山そのものがシヴァ神の現われ（示現）であると観じて、つまり証を（了解を）もってそこに還っていかれたのである。

観世音菩薩というものがこの世におられる、といわれて、単純素朴にそれを信仰していくことも宗教のひとつの深い在り方ではあるが、人間が知性を持った生物である以上は、その菩薩はいったい何者であるのか、どのようにこの世界に現われるのかを無尽に問いつづけることによって確証を得ることは、これもまたひとつの深い宗教的な行為である。

観音経が、そもそもの始まりにおいて、質問者としての無尽意菩薩を立たしめたのは、究極を問うものとしての私たちの知的な人間性もまた菩薩性であることを前提としたのであり、その問いが充分に充たされたがゆえに無尽意菩薩は、心おきなく自分の真珠の首飾りを観世音菩薩に捧げたのである。

二分された首飾り

本文ですでに見たように、幾百千金に値する真珠の首飾り（瓔珞《ようらく》）を受け取った観世音菩薩は、これを二つに分けてひとつをブッダ世尊に捧げ、もうひとつをこの観音経を含む法華経が説かれている舞台である多宝如来の塔そのものに捧げる。

多宝如来およびその如来が座している多宝塔については、大変興味深い実体《リアリティ》があるのだが、今はそれは別に置くとして、ここでぜひとも見ておかなくてはならないことは、観世音菩薩自身は、無尽意菩薩を深く満足させたにもかかわらず、何ひとつ報酬をもらわないという観音経の設定である。

伝統的なすべての宗教にせよ、日々に新たに起こされるといってさえよいすべての新興宗教にせよ、それを導く者が値幾百千金の捧げものをわがものとするのであれば、そのすべての宗教はそれだけでもう真の宗教ではない。

私たちが、様々な宗教団体や宗派が本当の宗教性を持っているかを見定める方法は色々にあると思うが、その中のきわめて簡単で的確な方法は、その団体なり宗派なりが値幾百千金の捧げものを要求するか、さらには捧げられたものをわがものとするかどうか、を見ることである。

もしその集団なり宗派なりが、それを要求したり、獲得した上でわがものとするのであれば、その一事だけでもその団体なり教祖なりは、真の宗教性を保持してはいない。

宗教活動も、経済活動を排除できない人間活動のひとつである以上は、無尽意菩薩がそうしたように、深い満足を与えられて自発的《ボランタリー》に金品を捧げることは自然であるし、観世音菩薩がそうしたように、それを受け取ることも悪ではない。現代であれば一定の契約によって料金設定をすることやお布施《ふせ》を差し出すことも受け取ることも許されると思うが、それを受け取る側がそのことによって財をなし、一般人の平均年収以上の物質的生活を享受するようであれば、そこにあるものは必ずや、宗教性でなくて欺《ぎ》瞞《まん》である。

宗教性の経済的な本質は、観音経に見られるとおりに、たとえ自発的に与えられた布施であっても、それを二分して一分はブッダ（真理）に、一分は多宝如来（地球自体）に捧げる無償性にこそある。その無償性から遠ざかれば遠ざかるほど、残念ながら真の宗教性は、失われているのだと見ることが大切である。

曹洞宗《そうとう》を開いた道元禅師《どうげんぜんじ》（一二〇〇〜一二五三年）は、食前に唱える「五観の偈《げ》」というものを定められたのであるが、それによれば物質的（経済的）生活を象徴するような食事は、次のような思いにおいて摂《と》られるのでなくてはならない。

一、この食物を作られたすべての方々に感謝していただきます。
一、この食物を、自分が真実に生きているかどうかを問うためにいただきます。
一、この食物を、心を清らかにするためにいただきます。
一、この食物を、身体の良薬として過不足をいわずにいただきます。
一、この食物を、どこまでも真実を究めるためにいただきます。

私たち一般人にとっても、真に宗教性を求めるのであればこの偈は不可欠であるが、ましてそれを専門とするべき僧職や神職、すべての新興宗教のリーダーたちが、ここに示された偈の意味から衣食住において外れるならば、それはその人が宗教性とは異なった他の人間性にかかわっているのだと見なした方がよい。

このような消費全盛の時代性であるから、物質的に貧しければ貧しいほど宗教性は豊かなのだとまでは言い張らないが、宗教性は本来物質的には無償の感情衝動であることだけは、すべての私たちが知っておいた方がよい。

凡夫《ぼんぷ》である私たちは、自身が完全な観世音菩薩であることはあり得ず、したがって他者にそれを要求することもできないが、少なくとも質素な生活の内にこそ観音性はあり、宗教性は息づくことができるのである。

観世音菩薩が、与えられた首飾りを二分し、一分をブッダ（真理）に、一分を多宝如来（地球自体）に捧げたということを、私としてはこのように解釈する次第である。

悲母観音の原像——刻印された二つの記憶

一枚の悲母観音像

狩野芳崖《かのうほうがい》（一八二八〜一八八八年）が描いた「悲母観音像」という絵を、本物（東京芸術大学蔵）は別として複製画で見たことがある人は、意外と多いのではないだろうか。

私も、縦三五センチ、横幅一五センチほどの複製画を大事に一枚持っているが、その絵が描かれたのは明治二十一年で、その同じ年に作者の狩野芳崖は亡くなっている。その絵が絶筆だったのか正確なことは分からないが、それを描きあげてまもなく彼が死んだことは事実で、その生涯を調べていけば必ずや近代の観音信仰の感動的な物語が深く秘められているだろう。

その絵は、明治時代を代表する日本画の傑作として知られていると同時に、美術心からではなく宗教心においてそれを見る者にも、名状《めいじょう》し難い感動を与えてくれるもので、私が複製画を大切に保持しているのはむろんそのためである。

「悲母観音像」と題されてあるからには、その像は当然女性であるはずなのに、よく見ると像の鼻下には細く八の字ヒゲが描かれ、口唇の下にも垂れさがったひとすじのヒゲが描かれていて、その姿は明らかに男性である。

私たちの世界において、現代でも普遍的に見られる同悲同苦の感性、慈愛・慈悲の感性は、どちらかというと女性的な感性であり、私としては観世音菩薩《かんぜおんぼさつ》を性別すれば男性であるより女性である方が正当と思うのだが、その原語であるAvalokiteśvara《アヴァローキテーシュヴァラ》は明らかに男性格を示す名であり、経典はこの菩薩を男性格として定めたことが知られる。

狩野芳崖は、経典の定めるままにこの菩薩を男性格の菩薩として描き出したのであるが、画題が示すようにそのモチーフは「悲母観音像」であったので、構図や色彩を総合した画面の全体からは、まさしく悲母としての観音振動が伝わってきて、この菩薩が男性格であったことを忘れ果てさせてしまう。

力強く、悲《ひ》に充ちた観音振動が、ふつふつと見るものに伝わってくるのである。

その絵の構図は、すっくと屹立《きつりつ》した観世音菩薩が、右手に持つ細い瓶《びん》から慈愛の水滴を流し、その水滴が、足元の水球、あるいは透明な満月の輪の中にいる幼児にしたたっている姿を骨格としたものであるが、淡い褐色と青を主調とした温かく神秘的なその画面を見つづけていると、おのずから私にもあった幼児の頃の、二つの大きな出来事が思い起こされてくる。

最初の出来事は、世界が壊れた記憶である。

母の乳房に吸いついた私は、突然火に触れたような痛熱を受けて、飛び退《の》いた。激しく泣き叫んだことと、母がきつくきつく抱きしめてくれたことをかすかに記憶しており、口に触れたその火が、母の乳首にすりこまれた唐辛子の汁であったことも、なぜか記憶している。

たぶん、まもなく妹が生まれる時で、母にはその必然があり、心を鬼にしてその処置を取ったのであろうが、その瞬間に母と一体であった私の世界は永久に壊れ、それと同時に母はきつくきつく私を抱きしめて、新しい一体感の世界へとぼくを誘《いざな》ってくれたのである。

次の記憶に、乳《ちち》のように白い病室の壁の記憶である。急性肺炎で、医者からはもうだめかもしれないとまでいわれた幼い私が、危機をくぐり抜けて意識を回復し、最初に見たのが白い清潔な靄《もや》のような、病院の壁のその色であった。そこにはむろん母の顔があったはずだが、その顔はおぼえてはおらず、ただ暖かく白い病室の壁の色ばかりが、私をやさしく取り囲んでいた。

これはずっと後になって母から聞かされたことだが、ヤブ虎と呼ばれていたその医者に、母は、自分は死んでもいいからこの子だけは助けてくださいと必死にすがりつき、なにがなんでも助けずにはおくものかと、血相を変えて三日三晩の危機を添いつづけてくれたのだそうである。

最初の記憶は一歳二、三カ月頃のこと、次のは三歳か四歳の記憶であるが、私の中に深く刻印された悲母観音像とはそのようなもので、よく見つめ、よく記憶の源を掘り起こしていくならば、必ずや万人の胸の奥には、万人の悲母観音像が、それぞれの姿において宿っているのであろう。

詩頌

前節にも記したように、観音経の散文部分が終わると、その散文部分で説かれたこととほぼ同じ内容の事柄を、詩文でくり返す「詩頌」に入る。

これは大乗仏教のひとつの定形のようなもので、伝えたい内容をまずは散文の形で述べ、次にそれを「詩頌」または「詩偈《しげ》」と呼ばれる韻《いん》文体で再度まとめて伝えるのである。

なぜそのような形がとられるようになったのか、確かなことは分からないけれども、ひとつには重複することによって内容を強調し、ひとつには文字を読めない人たちをも含めてそれを暗誦《あんしょう》するのに都合がよいように、という配慮が働いたためだろうと思われる。

観音経の場合は、一般的に流布している詩頌は、中国の南北朝時代の鳩摩羅什《くまらじゅう》（三四四～四一三）が訳出した漢文詩であるが、それは中国の僧俗はもとより日本の僧俗にも広く暗誦されて、すでに千六百年間にもわたって伝承されつづけている。試みにその詩頌の最初の部分だけを引けば、

世尊妙相具《せそんみょうそうぐ》　我今重問彼《がこんじゅうもんぴ》　仏子何因縁《ぶっしがいんねん》
名《みょう》　為観世音《いかんぜおん》　具足妙相尊《ぐそくみょうそうそん》　偈答無尽意《げとうむじんに》
汝聴観音行《にょちょうかんのんぎょう》　善應諸方所《ぜんのうしょほうしょ》　弘誓深如海《ぐぜいじんにょかい》

という形で、五文字一連の詩句が全部で百四連ほどつづく。

現代の日本にあっても、多くの僧はもとより熱心な観音信仰者たちは、この詩頌を始めから終わりまで暗誦しておられるだろう。

私の観音経への参入は、もうかれこれ三十年になるけれどもいまだに暗誦はしておらず、その点は申し訳ないと思っているのだが、それでもその内の何連かの詩句はすでに体に沁《し》みこみ、誦《そら》んじようと思わなくても自然に口をついて流れ出してくる。

つまり詩頌というものは、そのような効果のあることを見越して、あえて経典の定形として置かれることになったのであろう。

そこでここでは、鳩摩羅什訳の千六百年の伝統の詩頌をご紹介しつつ、その意味も併記して観音経の森を歩きつづけて行きたいと思う。なおテキストとしては、岩波文庫版の『法華経』下巻（坂本幸男・岩本裕訳注）に依《よ》っていることを記しておく。漢文が嫌いな方にお勧めする気持はないので、和訳の意味の方だけでも読んでいただければ、有り難い。

世尊妙相具《せそんみょうそうぐ》、以下の九連はすでに記したので、その和訳のみを記すと以下のようになる。

世尊は妙相を具《そな》えさせたまえり。
われ今、重ねて彼の菩薩について問いたてまつる。
仏子《ぶっし》は何の因縁にて、名づけて観世音となすや。
妙相を具足したまえる世尊は、偈《げ》をもって無尽意菩薩《むじんにぼさつ》に答えたもう。

汝《なんじ》よ、観音の行の、善く諸《もろもろ》の方所に応ずるを聴け。
弘《ひろ》き誓いの深きこと、海の如し。

観世音菩薩の名は、なぜ観世音菩薩と呼ばれるのかという、どこまでも意味を問う菩薩としての無尽意菩薩の問いが、観音経の始まりにおいてと同じく、ここでもう一度くり返されるわけである。

それに対してブッダは、無尽意菩薩よ、よく聴きなさいと、もう一度観世音菩薩が観世音菩薩と呼ばれるようになった由縁を述べていくのである。

常泣菩薩

詩頌のこれ以後は、次節よりまた順次追っていくことにして、ここでは最近私が得た観世音菩薩に関する驚くべき情報について記さなくてはならない。

それは、一九九六年夏季号の『週刊朝日別冊・小説TRIPPER』という古い雑誌に載っていたもので、その中で、ユング心理学の河合隼雄《はやお》さんと宗教思想家の中沢新一さんが、「宗教と科学は対立しない」というテーマで対談されているのを読んだ時のことだった。

中沢さんはその中で、次のように発言されていたのである。

観音様が観音様になる前は常泣《じょうきゅう》菩薩って言われてました。いつも泣いている菩薩さんです。いつも泣いている菩薩がいて、なぜ泣いているのかというと、世界を見ると、生き物を見ても悲しくて悲しくてしようがない。どんなちいちゃい生き物でも、みんな苦しみを背負っているのを見て、悲しくてしようがないから泣いてばっかりいた菩薩様がいて、それが次の転生《てんしょう》を果たした時に、観音様になるわけです。

（中略）

常泣菩薩の時は、ああ悲しいと言って、無力なんです。ところが、僕はこが（宮澤）賢治の科学と関係してくると思うけど、観音様になった時に、千手《せんじゅ》観音になるわけです。つまり、千の手を持って、つまり技術を持つわけですね。技術を持って、実践に移っていくわけです。非情な悲しみ——慈悲と言われているものを持って、あの千の手を持ち、千の目を持ったものになっていく。賢治の科学って、こういうこととも関係しているのかなと思います。

私はこれまで、観世音菩薩に前身があったことも、常泣菩薩という名であったことも全く知らなかったので、中沢さんが提供してくれたこの新しい情報に、本当に驚いた。

常泣菩薩という存在がどの経典に出てくるのか説明がないのが残念だったが、中沢さんがそういうからにはきちんと出典があることは確かで、私としてはお陰様で、人間性の内に内在している観音性という深い性質の層を、さらに一重厚くすることができたことを心から感謝している。

私たちの人間性の内には、まだほんの幼い子供から百歳の老人に至るまで男女を問わず、虫であろうと花であろうと、動物であろうと人であろうと、それが苦しみ泣くのを見て、同じように苦しみ泣かずにはおれない普遍の性質というものがある。

それを常泣菩薩と呼ぶとすれば、ただそこで泣いているだけでは済ませられないと、まさしくそこから悲しみをぬぐって立ち上がる性質が観音性というものであり、私たちはそれを、悲母観音という万人の実例において、潜在的であると顕在的であるとを問わずに覚知しているはずなのである。

侍多千億仏——観音性を深める道

念彼観音力

前節でも一部お伝えしたが、鳩摩羅什《くまらじゅう》の訳による五言一連で百四連から成る観音《かんのん》経《きょう》の最後を飾る詩頌《しじゅ》を、四章に分けてご紹介することにしよう。

この詩頌は、観音経の全体を総括したものであるから、寺院その他における儀式においで観音経が読誦《どくしょう》される時には、この部分だけを読んでそれを観音経全体の読誦に代えることもしばしば行われる。

漢文詩だけでは意味が通じないから、併せて読みくだし文も添えるので、少なくとも千六百年の伝統を持つこの鳩摩羅什詩頌を、それぞれにじっくりと味わっていただければ有り難い。

世尊妙相具《せそんみょうそうぐ》　我今重問彼《がこんじゅうもんび》

世尊は妙相を具《そな》えさせたまえり。われ今重ねて彼を問いたてまつる。

仏子何因縁《ぶっしがいんねん》　名為観世音《みょういかんぜおん》

仏子は何の因縁にて、名づけて観世音となすや。

具足妙相尊《ぐそくみょうそうそん》　偈答無尽意《げとうむじんに》

妙相を具足したまえる世尊は、偈をもって無尽意菩薩に答えたもう。

汝聴観音行《にょちょうかんのんぎょう》　善應諸方所《ぜんのうしょほうしょ》

汝《なんじ》よ、観音の行の、善く諸《もろもろ》の方所に応ずるを聴け。

弘誓深如海《ぐぜいじんにょかい》　歴劫不思議《りゃくごうふしぎ》

弘《おお》いなる誓いの深きこと海の如《ごと》く、劫を歴《ふ》るとも思議しえざらん。

侍多千億仏《じたせんのくぶつ》　発大清浄願《ほつだいしょうじょうがん》

幾千億もの仏に侍《つか》えて、大清浄の願を発《おこ》せり。

我為汝略説《がいにょりゃくせつ》　聞名及見身《もんみょうぎゅうけんしん》

われ汝が為めに略して説かん。その名を聞き、及びその身を見て、

心念不空過《しんねんふくうか》　能滅諸有苦《のうめつしょうく》

心に念じて空《むな》しく過ごさざれば、能《よ》く諸有《あらゆる》苦を滅せん。

仮使興害意《けしこうがいい》　推落大火坑《すいらくだいかきょう》

仮使《たとえ》害意を興《おこ》されて、大いなる火坑に推《お》し落とされんにも、

念彼観音力《ねんぴかんのんりき》　火坑変成池《かきょうへんじょうち》

彼《か》の観音の力を念ぜば、火坑は変じて池とならん。

或漂流巨海《わくひょうるこかい》　龍魚諸鬼難《りゅうぎょしょきなん》

或いは巨海に漂流して、龍・魚・諸《もろもろ》の鬼の難に会わんに、

念彼観音力《ねんぴかんのんりき》　波浪不能没《はろうふのうもつ》

彼の観音の力を念ずれば、波浪も没《もっ》することを能《あた》わざらん。

或在須弥峯《わくざいしゅみぶ》　為人所推堕《いにんしょすいだ》

或いは須弥山《しゅみせん》の峯《みね》に在りて、人のために推し堕《おと》されんに、
念彼観音力《ねんぴかんのんりき》　如日虚空住《にょにちこくうじゅう》
彼の観音の力を念ずれば、日の如くにして虚空に住《とど》まらん。

念彼観音力《ねんぴかんのんりき》。

つまり彼の観音の力を念ずれば、このような奇蹟が次々と起こってくることを詩《うた》いあげているのであるが、それが真実であるか、嘘偽であるかは、読者のお一人お一人がご自分の過去およびこれからの実践において確認していただくほかはない。

私の立場は、この本の初めに記しておいたように、もし観音経のこれらの記述が嘘偽であるならば、観音経などという経典はとうの昔に私たちの歴史から消え去っていただろう、というものである。

観音経が、鳩摩羅什の訳文でだけでも千六百年、サンスクリット原文であれば二千年にもわたって伝えられてきたのは、とりも直さずここに記されていることが、真実であることの証明である。

むろん私たちは、いかなる時代のいかなる時にあっても死すべき身であるから、不死という、法《ダルマ》の外の奇蹟《きせき》などは起こり得ないのであるが、念彼観音力のその力において、いかなる危機の苦しみにおいても、それが逃れ得るものである限りは諸有苦《あらゆる》から逃れることはできる。なぜなら、もはやどのようにしても逃れられない、最深《さいじん》の危機であり苦である死の瞬間においてさえも、彼の観音の力を念ずれば、その観音力において苦しみなく最期の息を引くことができるからである。

ましてや絶体絶命ではない生の様々な局面において、南無観世音菩薩《なむかんぜおんぼさつ》と念ずれば、それは私たち自身に内在する根源の生命力（慈悲力）および、私たちが置かれてある場（環境）の根源の慈悲力（生命力）を念ずるのであるから、おのずからそこに最前の対処・方途が現われてくるのは、奇蹟でも神秘でもなくて、理の当然の帰結である。

たとえ意識的には祈らなくても、私たちを形成する何億兆もの生命細胞たちは、危機に際しては全力をそこに集中してそれに対処するが、もしそこで自覚的に南無観世音菩薩と念ずることができれば、その意識の集中力はおのずから倍加されて生命細胞に行きわたり、その対処能力が自覚的に深まることは当然であろう。

幾千億もの仏に侍える菩薩

奇蹟についていえば、私たちが日々にこうしてここで生を自覚していることが最深の奇蹟であるから、そのままに感謝してここでは別に置くとして、詩頌の内で私に最も深く受け止められたものは、観世音菩薩の活動に関して、

侍多千億仏《じたせんのくぶつ》　発大清浄願《ほつだいしょうじょうがん》

幾千億もの仏に侍《つか》えて、大清浄の願を発《おこ》せり。

と記されてあるその二連であった。

正確を期すために、このくだりの前後を含めたサンスクリット原文からの訳出を岩波文庫版に依《よ》って読んでみると、

幾百劫《カルパ》という考えられないほどの間、幾千・千万の多くのブッダの許《もと》で、

彼（観音）が誓願を清浄ならしめた次第を、私が説くところから聴け。

その間彼は、ブッダたちの教えを聴き、ブッダたちに見《まみ》え、さらに念じて、この世において生命ある者たちの、すべての苦しみと生活の悩みを消滅させて、失敗することはない。

となっていて、鳩摩羅什の訳は大まかであるが、的確であることが分かる。

つまり観世音菩薩とは、幾百劫《カルパ》という長期間にわたって、幾千・千万もの多くのブッダたちに侍《つか》えることによって、その誓願（悲願）を清浄ならしめてきた菩薩である、というのである。

私がこの観音経の森を歩いている意図は、過去に抽出されて実在した観世音菩薩という人格体は、ただの過去の物語りとしてあるだけでなく、この現在にあっても、私たちの胸の内なる観音性として実在し、さらには私たちがその内にある環境（他者を含む）においても同じく観音性として実在していることを見ていくことにあるのだが、その意図からすれば、この二連十語からなる詩頌の意味するものは、およそ以下のような重大な意味に解釈できると思うのである。

観世音菩薩（人間の内なる観音性）が、数えることもできないほどの太古から、数えることもできないほどに多くのブッダたちに見《まみ》えて、その悲願（誓願）を清浄ならしめてきたというのは、私たち人類（生命）の歴史が発生して以来、私たちは常に生きることの苦しみに直面しつづけてきて、その苦しみを取り除く方途を絶えず見証しつづけてきた、人類の歴史性そのもののことである。

人類史は、闘争と戦争の歴史であるという見地に立つまでもなく、その全体においてもそれを構成する個人においても、無数億兆の苦しみの時に直面しつづけてきて、その苦しみをどうすれば消滅させ得るのかを、同じく人類全体としても個人としても模索しつづけてきたはずである。

観音性の実体である抜苦与楽《ばっくよらく》、苦しみを抜き去り喜びを与えるという悲願は、人類史が全体としても個人としても苦悩の連続であればあるほど、悲願として強められ、見証もされて、同悲同苦、他者（物）と同じく悲しみ、他者と同じく苦しむという、観音性のもうひとつの実相を形成してきた。

観世音菩薩は、幾千億ものブッダたちに見《まみ》え侍《つか》えて、その悲願を浄化してきたと観音経が説く時、その幾千億ものブッダたちというのは、じつはここにこうして生きてきた幾千億兆の生命たちのことなのであり、その生命の本来の輝きと喜びを大切にする（侍える）ことによってこそ、観世音菩薩はその本性を浄化してきたのである。

このように書けば、ただ生きてきただけの幾千億兆の生命たちが、そのままブッダたちであるわけがない、という疑問が起こるかもしれないが、ブッダとは覚者のことであり、覚者としてのブッダは歴史上にただ一人しか実在しないけれども、ではそのブッダが何を自覚して覚者となったかといえば、それは自らの生命の法《ダルマ》性、生命というものは縁起の法則によって出現した現われであるということを自覚して、ブッダとなられたのである。

それゆえに、仏性を持つものはブッダただ一人ではなく、、生命を持つすべての存在は仏性を持ち、本来ブッダその人でもあるとするのが大乗《だいじょう》仏教の根本の立場として確立されてきたのである。法華経の全体はその立場を明確に説くためにこそ、編纂《へんさん》されたのであった。

幾千億のブッダたち

幾千億のブッダたちが存在したのは、過去や歴史上においてのことだけではない。この現在にあっても、あるいは訪れてくる未来にあっても、生命体および非生命体としてのブッダたちは無数億に存在しているのであり、私たちという観音性を内蔵する無数の菩薩たちは、その生命性および非生命性のブッダたちから、現在もなお日々に無限にその悲願を浄化されつづけているのである。

私たちは、菩薩性を内蔵していると同時に弱い人間性をも当然内蔵しており、その弱い人間性において南無観世音菩薩と念彼《ねんぴ》観音力《かんのんりき》に頼むのであるが、そして彼の観音力は、私たちの頼む念が強ければ強いほどそれに感応して現実に方途を示してくれるのであるが、その一方で私たちは、私たちが内蔵している菩薩性としての観音性自体を強め、深めていくのでなくてはなるまい。

私たちが内蔵している自らの観音性を深め強める方途《ほうと》を、経典は、幾千億のブッダたちに侍えて誓願（悲願）を清浄ならしめる、と表現しているのであるが、それは現実には、私たちの周囲に生きているすべての人たち、生きものたち、非生物たちの存在の呼吸に侍えて、そこにどこまでも学んでいくことを意味している。

喜ばしい存在から仏性を学ぶことは容易であるが、苦しみばかりを与えるような人物や存在から仏性を学ぶことは、まさにそれこそがこの世の苦と思われるほどに、容易なことではない。

けれども、私たちの一人一人が仏性や菩薩性を備えているように、そのような人物や存在もまた、仏性および菩薩性を備えているのであるから、そこに、侍える、という言葉が、俄然《がぜん》光を放ち始めるのである。

相手の存在の在り方が、一見してどのように邪悪であり不快であっても、その底にひとすじの菩薩性なり仏性がうかがえるならば、私たちはどこまでもその仏性および菩薩性に侍えていくのでなくてはならない。そのことによって私たちの内なる観音性が、清浄ならしめられていき、強化され深められていくのである。

それゆえに観音性の道は、ただに念彼観音力すれば救われる有り難い道であるだけでなく、自らもまた他者を救済する観音性を獲得せずにはおれない、苦難の道であることを忘れてはならない。

同悲同苦・同喜同楽——与える慈しみの力

ラダックの観音像

今から三十年以上も前、一九六〇年代の末頃に、私は、北インドのラダック地方のものだという、一枚の千手《せんじゅ》観音の写真を手に入れた。

より正確にいえば、その写真は友人が手に入れたものだったのだが、それを見せてもらった私は、たちまち本能的といってよいほどの吸引力でそこに引きこまれてしまい、どうしても譲ってほしいとその友人に頼んだのである。

当時はまだラダック地方に入る人などめったになく、したがってその写真も大変貴重なものだったはずなのだが、友人はまるで観音様そのもののようにあっさりと慈悲深く、そうかこれはお前のものだったのかと、そのままそれを私に譲ってくれた。

縦三〇センチ、横二五センチほどのその写真を、私は早速パネルに仕立てて、それ以来ずっと自分の居室に祀《まつ》りつづけてきた。

モノクロームのその写真は、三十年の年月においてところどころはげ落ち、最初にそれに出遇《であ》った時の衝撃的な体感こそうすらいではいるが、今もなお、神秘界からこの世にしかと現出してきたかのような、確たる実在感と神秘感の二つながらを深く保って、これこそ観音性の真髄と感じさせるものであることには、変わりがない。

そのラダック観音の特徴は、大きな深い眼の面長《おもなが》のお顔が四段に重なる十一面もさることながら、造形された八つの腕のほかに、光背そのものであるかのように、無数の腕がぐるりと彫りこまれていることにある。さらにその外側の背後には、小さな腕とも見えるくの字形の紋様が円をなしてみっしりと彫りこまれ、その円は五重になっていて、そのままそれが不思議な光背を形づくっている。

つまり、千手十一面観音の千の手がそのまま光背として見る者に感じられるように、その観音様は造形されてあるのだ。むろん、立派である。それを見る者には、千の苦しみを救い取るべく千の手を持った観音様が、今、闇の中からすっくと立ち上がってきたかのような衝撃があって、思わず体の奥底の部分がビリビリと震動してしまう。

これは、日本で造形されてきた観音像には決して見られないもので、私の個人的な浅い経験からすれば、ただラダック地方においてのみ見られるものである。おそらくは、インド仏教とチベット仏教の相乗的な智慧《ちえ》の結果に、そのように優れた観音像が造形されたのだろうが、それはむろん造形の優秀さを示しているだけでなく、観音性そのもののとてつもない深さというものが、その地方には存在しているということを示している。

観音性の深さというのは、観世音菩薩《かんぜおんぼさつ》が観世音菩薩となる以前には、常泣菩薩《じょうきゅう》と呼ばれていたという、おそらくはチベット仏教起源の物語の内にある。

この本の最初の方で、インドとネパールの国境にほど近いチベット領に、カイラース山と呼ばれる聖山があり、その麓《ふもと》にはマノサロワール湖と呼ばれる聖なる湖があることを書いたと思う。

そのマノサロワール湖について、

「ある時観音様は、この世界に満ちている苦しみと悲しみを救おうとして、この世界に姿を現わしたけれども、この世界に満ち満ちている悲惨と苦しみを救うことなどはとてもできないと知って、涙を流すのみであった。そのおびただしい涙がたまって、現在のマノサロワール湖ができた」

という言い伝えがあることも、書いたと思う。

おそらくはチベット仏教起源のこの伝説は、常泣菩薩としての観音性というものの本質を、あますところなく言い表したものである。

観世音菩薩がいかにその神秘力と普遍力をふるったとしても、またその観音力を尽くしたとしても、この世界から悲惨と苦しみを除き去ることなどはできない。その事実を知れば知るほど、見れば見るほど、私たちはそれを救い取る力強い観世音菩薩などではなくて、ただその事実の前に涙し、祈るだけの常泣菩薩であらざるを得ない。

けれども、その涙においてこそまた、真の観音性はそこから立ち上がらざるを得ない。

その悲惨と苦しみの闇の中から、長い年月をかけて立ち上がってきたのが、ラダックの観音像に見られる、具体的に千の手を持つがごとき、千手十一面観音菩薩だったのである。

内なる観音力の励起

或《わく》被《ひ》悪人《あくにん》逐《ちく》　堕落《だらく》金剛山《こんごうせん》

或いは悪人に逐《お》われて、金剛山より堕落《ついらく》せんに、

念《ねん》彼《ぴ》観音力《かんのんりき》　不《ふ》能《のう》損《そん》一毛《いちもう》

彼《か》の観音の力を念ずれば、一毛をも損すること能《あた》わざらん。

或《わく》値《ち》怨賊《おんぞく》遶《にょう》　各《かく》執《しゅう》刀《とう》加害《かがい》

或いは怨賊《おんぞく》の遶《かこ》みて、各《おのおの》刀を執《と》り害を加うるに値《あ》わんに、

念《ねん》彼《ぴ》観音力《かんのんりき》　咸《げん》即《そく》起《き》慈心《じしん》

彼の観音の力を念ぜば、咸《ことごと》く即《ただ》ちに慈しみの心を起こさん。

或《わく》遭《そう》王《おう》難《なん》苦《く》　臨《りん》刑《ぎょう》欲《よく》寿《じゅ》終《しゅう》
或いは王難の苦しみに遭《あ》い、刑《つみ》せらるるに臨《のぞ》みて寿《いのち》終わらんと欲《せ》んに、
念《ねん》彼《ぴ》観《かん》音《のん》力《りき》　刀《とう》尋《じん》段《だん》段《だん》壊《ね》
彼の観音の力を念ぜば、刀は尋《にわか》に段々に壊《おれ》なん。
或《わく》囚《しゅう》禁《きん》枷《か》鎖《さ》　手《しゅ》足《そく》被《ひ》杻《ちゅう》械《かい》
或いは枷鎖《くびかせくさり》に囚《とら》え禁《とど》められ、手足に杻　械《てかせあしかせ》を被《こうむ》らんに、
念《ねん》彼《ぴ》観《かん》音《のん》力《りき》　釋《しゃく》然《ねん》得《とく》解《げ》脱《だつ》
彼の観音の力を念ぜば、釋然《とけさり》て解脱《まぬが》るることを得ん。
呪《しゅ》詛《そ》諸《しょ》毒《どく》薬《やく》　所《しょ》欲《よく》害《がい》身《しん》者《じゃ》
呪詛《のろい》と諸《もろもろ》の毒薬に、身を害《そこな》われんと欲《せ》られん者は、
念《ねん》彼《ぴ》観《かん》音《のん》力《りき》　還《げん》著《じゃく》於《お》本《ほん》人《にん》
彼の観音の力を念ぜば、還《かえ》って本の人に著《つ》きなん。
或《わく》遇《ぐ》悪《あく》羅《ら》刹《せつ》　毒《どく》竜《りゅう》諸《しょ》鬼《き》等《とう》
或いは悪しき羅刹、毒竜や諸《もろもろ》の鬼等に遭わんに、

念彼観音力《ねんぴかんのんりき》　時悉不敢害《じしつぷかんがい》

彼の観音の力を念ぜば、時に悉《ことごと》く敢《あ》えて害《そこな》わざらん。

若悪獣囲遶《にゃくあくじゅういにょう》　利牙爪可怖《りげそうかふ》

若《も》し悪獣に囲遶《いにょう》せられて、利《と》き牙爪《きばつめ》の怖るべきあらんに、

念彼観音力《ねんぴかんのんりき》　疾走無辺方《しっそうむへんぼう》

彼の観音の力を念ぜば、疾《と》く辺無《はてしな》き方に走らん。

蚖蛇及蝮蝎《がんじゃぎゅうふくかつ》　気毒煙火燃《けどくえんかねん》

蚖蛇《とかげへび》および、蝮蠍《まむしさそり》の、気毒の煙火の燃ゆるごとくならんに、

念彼観音力《ねんぴかんのんりき》　尋声自廻去《じんしょうじえこ》

彼の観音の力を念ぜば、声に尋《つ》いで自ら廻《かえ》り去らん。

雲雷鼓掣電《うんらいくせいでん》　降雹澍大雨《ごうばくじゅだいう》

雲《くも》りて雷鼓《いかずちな》り掣電《いなずまひらめ》き、雹《あられ》を降らし大雨を澍《そそ》がんに、

念彼観音力《ねんぴかんのんりき》　応時得消散《おうじとくしょうさん》

彼の観音の力を念ぜば、応時《ただち》に消散することを得ん。

衆生《しゅじょう》被《ひ》困厄《こんやく》　無量《むりょう》苦《く》逼身《ひっしん》
衆生が困厄《わざわい》を被《こうむ》りて、無量の苦その身に逼《せま》らんに、
観音《かんのん》妙智力《みょうちりき》　能救《のうく》世間《せけん》苦《く》
観音の妙なる智力は、能《よ》く世間の苦しみを救わん。

詩頌においては、引きつづき念彼観音力の万能性が詠《うた》いあげられている。ただに世界の悲惨と苦悩に常泣するだけでなく、そこから千本の腕（方途）を持って立ち上がったのが観世音菩薩であるからには、ここに詠われたような効力を観音様が発揮するのは、ある意味では当然のことといわねばならない。

それゆえに私たちは、困厄《こんやく》しきった時には、苦しい時の神頼みそのままに、南無《なむ》観世音菩薩と心から念じさえすればよいのである。何度もくり返すが、そのように心から念じさえすれば、法《ダルマ》の外なる事象、つまり避けられない事象を除いては、観音様はただちにその私たちの念に応じて、最善の方途を差し示してくださるだろう。

けれどもその一方では、観音性ないし観音力と呼んできたその性質ないし力は、ひ

たすら私たちに与えられるものであるのと同じく、ひたすら私たち自身から出て行く性質のものであり力でもあることを、明確に記しておかなくてはならない。

観音の慈悲力、つまり観音性というものは、当然のことではあるが、与えられる一方の慈しみの力であると同時に、与える一方の慈しみの力でもある。

無邪気に赤ちゃんが泣いて訴えれば、母親はなにを置いても赤ちゃんである私たちを抱き上げて、慈愛の乳《ちち》（智慧）を飲ませてくれるが、その赤ちゃんである私たちが、同時に母親でもあるという事実が、人間性というものの必然であり、観音性というものの真髄でもある。

私たちは、いつまでも南無観世音菩薩と念じて、自分が救われることだけを望んでばかりはいられない。私たちの内に内在してある母親性は、自分の身は棄てても子供は助けたいと願うことに明らかに現われているように、悲惨と苦悩の内にあるすべての他者の、その悲惨と苦悩を取り除きたいという願いを、本能として持っている。

むろんそれは父親性とて同様であるが、より本能性が深いと思われるから母親性と呼ぶのであるが、その性質は、けれども本能だからといってただに放置しておくだけでは、稀薄になっていくばかりである。

二十世紀、特にその後半の五十年は、私たちは人間性というものの基本を個人に置くことを最善の価値観としてきた。

不可侵の基本的人権を持つ個人が、同じく不可侵の基本的人権を持つ他者とともに、自由で平等な社会を様々につくり上げていくことがこの五十年の日本の社会目標であり、そのこと自体は、これからの千年も保ちつづけるべき民主主義思想の根幹であると、私は考えている。

けれども、その個人性は、近頃の日本の社会やいわゆる先進国の社会において病的に見られるように、自分さえよければよいという利己性の側面を日増しに強めて、個人そのものとしても社会の全体としても、美しく、楽しく皆で共有することができるヴィジョンをほぼ喪失してしまっている。個人としての私たちは、ありあまる自由の中で立ち往生せざるを得ず、むしろ自由たるべく呪われてさえいるという、アメリカの社会学者の分析が、一定のリアリティを持つゆえんがそこにはある。

世界が苦しみ、世界が悲惨であれば、自己もまた悲惨であり、苦しみにまみれざるを得ない。同悲同苦という観音性が、あるいはまたその逆に、世界が喜び、楽しむならば自己もまた喜び楽しむ同喜同楽の本能としての観音性は、今ここの私たち一人一人の中で、しっかりと励起《れいき》され、立ち上げられる必要がある。

百人がいれば百人の観音性があり、千人がいれば千人の観音性がある。本能（人間の自然性）の底に眠りつつあるその観音性を励まし起こして、自らもまた一人の観世音菩薩として世界の再生に参与していくことが、今はなによりも大切なことなのだと考える。

マリア観音――与えられた二つの実証

ガン告知

有り難いことにというか、困ったことにというか、この半年ばかり胃が重い日々がつづいていたので、思い切って島の診療所へ行き、胃カメラを呑《の》んでみると、すでに五センチ以上にも肥大したガンがあることが分かった。

即手術をせねばというので、翌日鹿児島市へ飛び、かねてからの友人の医師に精密検査を依頼すると、そのガンは胃下部の大動脈周囲のリンパ節にまで深く侵入転移していて、手術はきわめて難しいという。

東京の国立がんセンターに、そのような難しい手術をする名手がいて、幸いなことにその友人の医師は鹿児島市に戻って来て開業するまでは、その国立がんセンターに勤務していたので、その名手を紹介してくれるという。

早速メールで連絡していただき、レントゲン写真持参で、今度は妻も同伴してくれて東京へ飛び、指定されたその医師の外来診察日にがんセンターへ行って相談すると、レントゲン写真をつくづく見ながら、このような状態ではやはり手術はできないという。

「では、どうすればよいのですか」

と、鹿児島市で告知を受けて以来、死の覚悟をしていた私が冗談めかして訊くと、

「抗ガン剤を何サイクルか使用して、うまくガン細胞が縮小したらすきをねらって手術するのが、残された唯一の手段ですが、その抗ガン剤というものがなかなか手強く、それを使っている内に副作用で死ぬ場合もままあるのです。命をかけて、一《いち》か八《ばち》かの勝負に出るか出ないかは、医者の選択ではなくて、あなたの選択です」

と、じつに率直に、ありのままの事実を語ってくれた。

東京は私の生まれ故郷であり、両親はすでに亡いが、弟一家は今もそこに住んでいる。たくさんの友人たちも、東京にはいる。東京でしか手術ができないとなれば、妻子と遠く離れてしまうという最辛事をしのんででもそこで手術を受ける決心をして来ただけに、その医師の率直な言葉は、第二の告知といえるほどに私の身心を貫き通した。

「さあ、どうするか。このままここに入院して、いわゆるスパゲティ状態でベッドにつながれて、徐々に衰弱しつつ死を迎えるか、運よく手術の運びとなって長期入院となるか」

私の心は、一瞬迷ったのち、ただちにがんセンターには入院しない方向に決まり、「抗ガン剤治療をするにしても、それは鹿児島でします。いつかガン細胞が縮小して、先生の手に負えるようになったら、必ずここに戻ってきますので、その時にはよろしくお願いいたします」

とあいさつをして、その、世界でも三本の指に入るというS医師の診察室を後にした。

一階のフロアで会計の順番を待っている間に、同伴してくれていた妻が不意に、

「Tさんのところへ行ってみようか」

と、言い始めた。

Tさんというのは、湘南《しょうなん》の小都市に住む、超自然的な能力を持つといわれている治療師で、以前に私はある会合で一度だけお会いしたことがあり、超能力は別としてもその人柄には信頼を持ち、折に触れて妻にもその人のことを語っていたのである。

幸い、屋久島へ戻る飛行機は夜の便にしてあった。湘南のその街であれば、充分に行って戻って来るだけの時間がある。

全く久しぶりに東海道線の普通列車に乗り、これまた全く久しぶりに大船《おおふな》の大観音をその車中から拝しながら、やがてその小都市の駅に着き、教えられた道を海岸とおぼしき方向へゆっくりと歩いて行った。

ある街角を曲がると、そこに小さな教会があり、庭に小さな祠《ほこら》のようなものがあって、その前にツワブキの黄色い花が咲いていた。

「あっ、ツワブキだ」

その季節は、私たちの住む島ではツワブキの全盛期で、野の道や山の道、特に海の道の至るところに、野生のその花が咲き静まっていただけに、見知らぬ街でその花に出遇えたことがうれしく、私たちは思わずその教会の門をくぐって、その小さな祠に近づいてみた。

すると、そこに祀《まつ》られてあったのはまさしくマリア様で、やさしい眼をした背丈一メートルにも満たないマリアが、幼児キリストを抱きしめている姿であった。

久しぶりに車中から拝した大船の大観音の姿が強烈であっただけに、その見知らぬ街の見知らぬ教会の庭に祀られたマリア像は、私の内でただちにマリア観音の呼び名に変じ、胸に十字を切ると同時に両掌を合わせて、心から合掌《がっしょう》することができた。

ツワブキの黄金色の花に導かれて、思いもかけずマリア観音という心の平安を取り戻すことができたのである。

与えられた実証

観音経の本文に戻ると、その詩偈《しげ》はさらに以下のようにつづく。

具足神通力《ぐそくじんづうりき》　広修智方便《こうしゅちほうべん》
神通力を具足し　広く智の方便を修《しゅ》して、
十方諸国土《じっぽうしょこくど》　無刹不現身《むせつぶげんしん》
十方の諸国土に　刹《くに》として身を現わさざること無《な》けん。
種種諸悪趣《しゅじゅしょあくしゅ》　地獄鬼畜生《じごくきちくしょう》
種々の諸《おおく》の悪趣と　地獄・鬼・畜生と、
生老病死苦《しょうろうびょうしく》　以漸悉令滅《いぜんしつりょうめつ》
生老病死の苦も　以《もっ》て漸《よ》く悉《ことごと》く滅せしめん。
真観清浄観《しんかんしょうじょうかん》　広大智慧観《こうだいちえかん》
真《まこと》の観・清浄の観　広大なる智慧《ちえ》の観、
悲観及慈観《ひかんぎゅうじかん》　常願常瞻仰《じょうがんじょうせんごう》
悲の観及び慈の観あり。常に願い常に瞻仰《あおぎみ》るべし。
無垢清浄光《むくしょうじょうこう》　慧日破諸闇《えにちはしょあん》

無垢なる清浄の光　智慧の日輪《にちりん》は　諸《もろもろ》の闇を破り、
能伏災風火《のうぶくさいふうか》　普明照世間《ふみょうしょうせけん》
能《よ》く災いの風と火を伏して　普《あまね》く明《あきら》かに世間を照らすなり。
悲體戒雷身《ひたいかいらいしん》　慈意妙大雲《じいみょうだいうん》
悲の體《すがた》なる誓願は　雷《いかずち》の震《ふる》うがごとく　慈《いつくしみ》の意《こころ》は妙《たえ》なる大雲のごとし。
澍甘露法雨《じゅかんろほうう》　滅除煩悩燄《めつじょぼんのうえん》
甘露《アムリタ》の法雨を澍《そそ》ぎて　煩悩の燄《ほのお》を滅除す。

ここに引用したくだりは、観音経の詩偈の中でも私が最も好きな部分で、特に、

真観清浄観《しんかんしょうじょうかん》　広大智慧観《こうだいちえかん》
悲観及慈観《ひかんぎゅうじかん》　常願常瞻仰《じょうがんじょうせんごう》
無垢清浄光《むくしょうじょうこう》　慧日破諸闇《えにちはしょあん》

の六連に到ると、無言にしろ声を出す場合にしろ、そこを唱える時にはおのずから力がこもる。人間性に備わっている自然性としての観音性の真髄が、まさしくこの六連の内に詩《うた》いあげられていると感じられるからである。

けれども、そのマリア観音に出遇った当日、私がおのずから思い起こし、実証を与えられたことを感受したのは、その部分ではなかった。その六連の前に置かれた、

種種諸悪趣《しゅじゅしょあくしゅ》　地獄鬼畜生《じごくきちくしょう》
生老病死苦《しょうろうびょうしく》　以漸悉令滅《いぜんしつりょうめつ》

の四連であったことは理解していただけると思う。

ある意味で、西洋医学の最高峰にある医者から見放されたのだから、私は生老病死苦の真っ只中に放りこまれていたわけである。

その苦が、ツワブキの花に導かれて、自らマリア観音と呼んだマリア様に合掌し、祈った途端に幻のように消えて行き、私は本来の私自身となり、あたかもマリア様の

胸に抱かれた幼児キリストであるがごとくの安らかさを取り戻すことができた。

それこそは、十方の諸《もろもろ》の国土に、その身を現わさぬということは無し、と断言された観世音菩薩の悲心、慈心そのものの実証であり、出現にほかならない。

ということは、ただにその祠に祀られてあるマリア様だけでなく、私をそこに導いてくれたツワブキの黄金色の花自体もまた、ひとつの深い悲心、慈心、観世音菩薩そのものの現われであったのだと、私としては思わないわけにはいかない。

選択

やがてT自然治療研究所の門をくぐると、以前に一度お会いしただけの間柄にもかかわらずTさんは、まるで旧知の友人を迎えるかのように両手を広げて私を抱きしめ、よく来てくれたと心からの歓迎の意を示してくださった。

通された、明るい静かな光がたゆとう応接間のソファにくつろぎつつ、妻と私はこれまでの経過を手短かに伝えて、Tさんの答えを待った。

語ることそのことによって、心理療法家のようにクライアントを癒してきたらしい

Tさんは、自分は画学生としてスペインに留学中にいつのまにか人を治療する能力が身についてしまい、そのことを自覚してからは絵描きになる気持をすてて治療家に専念するようになった経緯をはじめとする、これまでの自己史を簡単に伝えた後、ガンという病についての識見を、大きく分けて次の三つのように、誰にでも理解できるように易しく説明してくれた。

そのひとつは、ガンが発症するのは、十年二十年三十年という長い時間の結果であり、必ずそれを発症させる根本の原因があるということ。

またひとつには、それゆえに私なら私が、その根本原因は何なのかをよく洞察して、その根源からの生き方を改めるならば、いかなる重症のガンも自然に消滅していく運命にあること。

またひとつには、現在発症しているガンそのものは、一般的な常識に反してむしろ生命維持装置であること。つまり私たちの生命を保つために、ガンという発症をして必死に警報を鳴らしているのがその実体なのだということ。

その日の午後は、Tさんの言葉によれば、まるで私たちの訪問のために空けられていたように、奇蹟的にクライアントの予約が入っておらず、時間はたっぷりあるからとて、じゅんじゅんと語ってくれた後で、次には診療室へ通されてベッドに仰向けに寝かされた。

明るく静かな応接間のソファで、真綿《まわた》でくるまれたような穏やかな気持になり、国立がんセンターの完全にシステム化された世界がすでに遠い過去のことのように思われていた私には、話を聞いただけで充分で、それ以上の手技（心技）を施してもらうまでもないと思われたのだが、いざベッドに横たわり、Tさんの本技であるその手技（心技）を受けてみると、それがまたこの世の極楽であるかのように、さらにいえば天にも昇るかのように、心地よいこと気持よいこと、この上もないのであった。

足の先から、文字通りに頭の頂点まで、入念の上にも入念な指圧とマッサージをくり返しながら、

「もしかすると、いいことが起こるかもしれませんよ」

と、Tさんはいう。

もしかするとではなくて、極楽のような、天にも昇るような心地よさが現に私の身

心を支配し、すでにそのいいことは私の内に現成《げんじょう》しているのである。

約一時間にわたる長い施療《せりょう》の挙げ句、お礼をしようとするとTさんは、友達からお礼をもらうわけにはいかないといって、頑としてそれを受け取ってはくれなかった。

夕方になって、予約のクライアントの人が見えたのをきっかけに、私たちはT自然治療研究所を後にしたのだが、その時には、私の内から抗ガン剤治療を受けるという方向性はすでになくなってしまっていた。

マリア観音ともども、生きて呼吸をしている観音様に、友達として出遇《であ》ったからには、その忠告をどこまでも聞いていこうと、再起の道が開かれたのである。

海潮音——妙なる観音振動のひびき

発菩提心

観音経（妙法蓮華経観世音菩薩普門品第二十五）の詩頌《しじゅ》の部分、したがって観音経の全文もまた、次のような讃歌において終わる。

諍訟経官處《じょうしょうきょうかんしょ》　怖畏軍陣中《ふいぐんじんちゅう》
諍訟《あらそい》をして官處《やくしょ》を経《へ》、軍陣の中に怖畏《おそ》れんに、
念彼観音力《ねんぴかんのんりき》　衆怨悉退散《しゅおんしったいさん》

彼《か》の観音の力を念ずれば、衆《もろもろ》の怨《あだ》は悉《ことごと》く退散せん。

妙音《みょうおん》観世音《かんぜおん》　梵音《ぼんのん》海潮音《かいちょうおん》

妙《たえ》なる音、世を観ずる音、梵《ブラフマン》の音、海潮の音、

勝《しょう》彼《ひ》世間音《せけんのん》　是《ぜ》故《こ》須《しゅ》常《じょう》念《ねん》

彼《か》の世門の音に勝れたり。この故に須《すべ》からく常に念ずべし。

念念勿生《ねんねんもっしょう》疑《ぎ》　観世音《かんぜおん》浄聖《じょうしょう》

念々に疑を生ずること勿《なか》れ。観世音なる浄聖は、

於《お》苦悩《くのう》死厄《しやく》　能《のう》為《い》作《さ》依《え》怙《こ》

苦悩《くるしみなやみ》と死厄《しのわざわい》において、能《よ》く為《ため》に依怙《たより》と作《な》らん。

具《ぐ》一切《いっさい》功徳《くどく》　慈眼《じげん》視《じ》衆生《しゅじょう》

一切の功徳を具《そな》えて、慈眼を以《もっ》て衆生を視《みそなわ》す。

福聚《ふくじゅ》海《かい》無量《むりょう》　是《ぜ》故《こ》應《おう》頂禮《ちょうらい》

福聚《ふくじゅ》の海無量なり。この故に応《まさ》に頂禮《ちょうらい》すべし、と。

その時、持地《じじ》菩薩は、即ち座より起《た》ちて、前《すす》みて仏に曰《もう》していわく、
「世尊よ、若《も》し衆生の、この観世音菩薩品《ほん》の自在の業たる普門示現《ふもんじげん》の神通力《じんづうりき》を聞く者あらば、当《まさ》に知るべし、その人の功徳《くどく》は少なからざることを」
と。

仏、この普門品を説きたもう時、衆中の八万四千の衆生は、皆同じく等しい阿耨多羅三藐三菩提《あのくたらさんみゃくさんぼだい》（無上の正しい自覚）の心を発《おこ》せり。

二十回にわたって分け、ゆっくりと味わってきた観音経は、これをもって終了したわけであるが、まさしくその最後に述べられているように、それを読み了《お》えた読者の方々が、等しく阿耨多羅三藐三菩提心《あのくたらさんみゃくさんぼだいしん》を発《おこ》されたかどうかは、大変に心もとない。阿耨多羅三藐三菩提心《あのくたらさんみゃくさんぼだいしん》という、難しい漢字の並んだわけの分からぬ言葉は、全く同じものが般若心経《はんにゃしんぎょう》の中にも出てくるから、あるいはご存じの方もいらっしゃるだろうが、サンスクリット語（梵語）のanuttara sāmyaksambodhih《アヌッタラーサミヤクサムボディ》をそのまま音写したもので、その意味は、すでに記したように「無上の正しい自覚」ということである。

それゆえに、阿耨多羅三藐三菩提心《あのくたらさんみゃくさんぼだいしん》を発《おこ》すということは少しも難しいことではなく、私たちが、自分とは何か、世界とは何かという、究極の（無上の）問いを、自分自身および世界に向けて発するならば、それこそがその心を発《おこ》したことになるのであって、それ以上に難解なことでも、それ以下に安易なことでもありはしない。

私たちが、たとえブッダの時代から二千五百年を経て、西暦で二十一世紀を迎えたとしても、自分とは何か、自分がその内にある世界とは何か、を問うべき存在であることにはいささかも変わりはない。それゆえに仏教は、そのことを真剣に問いなさいとすすめているのであり、真剣にその問いを問えば、人はおのずから「観音性」とこの本で呼んできた、ひとつの人間性に気づかずにはおれないだろう、と呼びかけてもきたわけである。

阿耨多羅三藐三菩提心《あのくたらさんみゃくさんぼだいしん》という心は、前節で、期せずしてマリア観音という概念においてお伝えしたように、ただに仏教特有の心なのではなくて、西洋であろうと東洋であろうと、先進国であろうと未開国であろうと、人間の住む土地であればどこにでも行きわたっている普遍的な心情である。行きわたってはいるが、それがそれとして現実に発露するのは、なかなかに難しい心情でもある。
自分は何か、と問い、世界とは慈悲（愛）であると答え得ること、世界とは何か、と問い、世界とは慈悲（愛）であると答え得ることは、概念としては自分にも世界にも了解されている事柄ではあるが、それをこの自身の現実において発露するのは、きわめて難しいことであるといわざるを得ない。それゆえにこそ仏教では、発菩提心《ほつぼだいしん》といって、その心を現実に発露すべく発《おこ》すことを、非常に大切にするのである。

梵音海潮音

観音経詩頌の終わりの部分に、

妙音観世音《みょうおんかんぜおん》　梵音海潮音《ぼんのんかいちょうおん》

という、やはり私の大好きな二連詩が出てくる。
十文字の内に、音《おん》という文字が四つも出てくるリズムのよさが根にあるからでもあるが、「梵音海潮音《ぼんのんかいちょうおん》」という言葉が含んでいることの根源的な意味深さを、最後に少しでも読者にお伝えして、この観音経の森の散策を終わることにしたい。

この二連詩も、これまでに何度も記してきたように、中国南北朝時代の訳経僧・鳩《く》摩《ま》羅《ら》什《じゅう》（三四四〜四一三年）の韻《いん》をふんだ名訳であるが、その部分のサンスクリット原文の意味は、岩波文庫版の『法華経』下巻（坂本幸男・岩本裕訳注）によれば次のようになっている。

アヴァローキテーシュヴァラ（観世音菩薩《かんぜおんぼさつ》）は、雷雲の轟《とどろ》き、太鼓の轟きを持ち、大海原のように轟きわたり、ブラフマンのごとき好《よ》き音声を持つ。アヴァローキテーシュヴァラは、音声の全域にわたる声を持ち、心に念ずべき者。

この原文訳を見る限りでは、梵《ブラフマン》の音という意味合いはあっても、海潮音という意味合いは全く出てきてはいない。あえてその元を探すならば、「音声の全域にわたる音声を持つ」というその意味を、海潮音と、鳩摩羅什は意訳したのかもしれない。「音声の全域にわたる声を持つ」者という観音様の規定自体が、古代的な素朴性を遠く逸脱していて、観音経の作成者の知性と感性が、すでに充分に現代の知性と感性に並んでいたことを示しているが、それを韻をふむためとはいえ「海潮音」と鳩摩羅什が訳したとすれば、これまた彼の知性と感性は、現代のそれと全く変わらない普遍性をすでに保持していたということができる。

私たちは、時代がくだる(進む)につれて知性も感性も進歩するのだと漠然と思いなし、古代の知性や感性などは素朴なものといつしか思い上がっているのだが、進歩するものは科学上の知識や技術を中心とした知識の蓄積に過ぎないのであって、知性や感性の深さそのものは一歩も進歩しないどころか、ある局面においてはむしろ古代的知性、古代的感性の方が、より深く人間性の真実を探りあてているということさえも起こってくる。

その例証というわけではないが、ここでは「ブラフマンのごとき好《よ》き音声を持つ＝梵音」という観音性と、「音声の全域にわたる声を持つ＝海潮音」という観音性の二側面を、私なりに解説しつつご紹介しておきたいと思う。

まず「ブラフマンのごとき好《よ》き音声」であるが、紀元前十世紀頃にはすでに定着していたと見られるその「ブラフマン」という概念が、インド哲学の根本に横たわっている大概念であることを知っておられる方も、近頃はかなり増えていることと思う。

インド哲学ないしウパニシャッド哲学の伝統によれば、ブラフマンは概念などではなく、この世界宇宙を生成させた根源存在であると同時に、現にこの世界宇宙として実在している普遍存在であり、さらには未来に向けて展開しつづけている世界宇宙存在そのものでもある。

古代ギリシャの哲学者アリストテレスは、この世界宇宙を質料と形相の二つに分けて考えたのであるが、古代インドの哲学者たちは、その質料（原因）も、形相（結果）もいずれもブラフマンであるとみなして、この全世界はブラフマンの展開そのものであると主張したのである。

このウパニシャッド哲学を基礎において発展したヒンドゥ教（インド教）では、この世界の生成因であり現在の内実でもあるブラフマンが発する神秘音を、唵《オーム》の一音に収《しゅう》斂《れん》させて、唵《オーム》こそは世界宇宙の生成音であり、現在および未来の根源の振動音でもあると規定してきた。

それゆえに、観音経の編纂者《へんさん》たちが、観音経の編述を終えるにあたって、観音様という菩薩は「ブラフマンのごとき好き音声を持つ」と讃えたことは、最深《さいじん》最上の讃歌をこの菩薩に捧げたことにほかならない。

私たち自身の内に内在し、世界全体の内にも内在している観音性（慈悲・慈愛・同悲・同苦）という振動を、一菩薩の振動を超えたひとつの世界宇宙原理の位置にまで引き上げたことを、それは意味しているからである。

仏教では、それを一言にして「慈悲」と呼ぶのであるが、キリスト教ではそれを一言にして「愛」と呼ぶ。日本の神道ではそれを一言にして「幸う《さきわ》」と呼ぶ。

私たち人間を含む全生命は、この宇宙の慈悲そのものによって、この太陽系地球に生み出された。

私たち人間を含む全生命は、この宇宙の愛そのものによって、この太陽系地球に生み出された。

私たち人間を含む全生命は、この宇宙の幸《さきわ》う意志そのものによって、この太陽系地球に生み出された。

この本において、私が観音性と呼びつづけてきたものの基底には、このような事実がある。私たちは、いかにも物質から成り立っている物質であるが、この物質が「意識」を持っているという事実から逃れることはできない。意識が物質から生じたのであれば、物質と意識の境目は当然のことながら消失せざるを得ない。物質は意識であり、意識は物質であるという事実が、そこから導き出されてくるのである。

観音性はここに、ひとつの物質として（像として）さえ輝くのである。

ブラフマンの音（梵音）という、このことさえ理解していただけるならば、次の「音声の全域にわたる声を持つ者＝海潮音」ということの解釈はより容易であろう。

音声の全域にわたる声というのは、オペラ歌手のことではないのだから、当然のことながらすべての生命の声、ということになる。

百人の人がいれば百の声がある。百の生物があれば、その生物の百の物言わぬ声がある。全存在物は、非生物すらがそれに特有の声を放って（無言の内に）いるのであるが、その生命と非生命を内包する生命の源こそは、海潮音にほかならない。

海の振動、海という波動、海潮音とはその全域のことであり、その音（波動）の内から私たちは生まれ出、長い時間をかけて、やがて陸上生物の道を歩き始めたのである。

この二十一世紀は、私たち人類は本格的に宇宙に進出する時代になって、その結果は逆に、この地球というものの絶対善をますます見直さざるを得ない時代になるだろう。そのことと同じように、陸上生物となって久しい人類ではあるけれども、人類の内部には常になつかしい源の海潮音が鳴りひびいている。

全生命が全非生命とつながり、全非生命が全生命を生成させたのが海であるからには、そこに鳴りひびいている音は、幸いであり、愛であるほかはない。慈悲の振動であったし、振動であるし、これからも永くその振動であると、いわざるを得ない。

妙《みょう》音《おん》観《かん》世《ぜ》音《おん》　梵《ぼん》音《のん》海《かい》潮《ちょう》音《おん》

の二連の内には、このように、仏教を超え、宗教を超え、むろん科学をも超えた、存在の真実が讃えられてある。

先にも記したように、鳩摩羅什《くまらじゅう》をも含む古代の感性と知性に、私たち浅はかな現代人が学ぶものは、無限といってよいほどに深甚《しんじん》なのである。

あとがきに代えて

同悲・同苦の森を歩く

高橋卓志

山肌に点々と咲く山桜を眺めながら、瀬音が響く谷に入る。乾燥した信州からやってきたぼくにとっては、経験したことがないほどの分厚い湿気に包まれる。車を降り、ツワブキの葉が陽に映える家の前に立つ。一九九八年三月、屋久島。白川山《しらこやま》の三省さんを初めて訪ねたときの記憶はそのようにある。

たしかにあの日、ぼくらは出会った。そして数時間後、何かに導かれるかのように、屋久杉の森に踏み入っていた。忘れ去ったものを思い出させてくれるような、いままで不足していた何かを与えられるような、あくまでも穏やかだが、エネルギーに満ちた森の中を、ぼくらはずんずん進んだ。そして蛇紋杉《じゃもん》にたどり着いた。

二〇〇〇年をこの地で生き、前年の台風でドゥと倒れたこの巨木に、三省さんは「新しいミレニアムを迎えるために、人類の罪業《ざいごう》を一身に背負い込み、倒れてくださった」と、やさしく、いとおしみながら語りかけ、手を合わせた。

このことは三省さんとの短いが密度の濃い交流の起点となった。生きて在る山尾三省さんとぼくが相まみえた、ほんのわずかな時の始まりが、屋久杉の森だったのだ。三省さんに出会い、直後に誘《いざな》われて入り込んだ生命溢れるこの森は、同時にその中で確実に滅びていくものの姿を見せていた。そしてまた、その傍らに、すでに生まれ出《いで》ているかすかな生命の姿をも見せていた。

踏み入った森がぼくらに見せた生と死、そして再生と希望という鮮やかな対照は、その時点における三省さんご自身の「いのちの行方」に重複していたかのように思えてならない。つまり三省さんご自身が死という境界線に近付いていたこと、そしてその境界線を越えるにあたり、すべての執着を離れた「永劫《えいごう》なるフライト」を希求しておられたことを、この出会いの森は知っていたのではないのか、といまさらながらに思うのだ。

小淵沢の夜、満天の星を見ながら、うまそうに一服のタバコをふかす姿。インド音楽の巨匠、モニラル・ナグが演奏するシタールの横で、静かに詩集を開いて朗読をはじめようとされる姿。紅葉真っ只中の神宮寺の庭で、正面に薬師瑠璃光如来を拝しながら、歌手の李政美《イジョンミ》と和した『祈り』の歌声。その年初めて吹いた「しばれ風（北西の季節風）」の風音を楽しみながら、静かに思いを巡らせておられた八幡平《はちまんたい》の夜。

三省さんとの現実世界での交流シーンはこのように、パノラマ的展開としてぼくの脳裏に即座に映し出される。いま考えれば、そのひとつひとつは、三省さんが生から死へと、しかも確実に近付く死を見据えながらも歩んでいった道標に他ならないのであり、そのプロセスにおいて、悲嘆と苦悩と葛藤と絶望といったネガティヴな感覚を、ご自身が認識せずにはおれなかったのだろうと推察する。そしてそこから抜け出るため、あるいはその課題を解決するために、「すがる」もの、あるいは「支えられる」対象を求めておられたはずであり、その対象が存在したことによって、死に対しての深い洞察と受容が得られたのではないのか、とぼくは想像する。

二〇〇一年八月二十八日。白川山の自宅に眠る三省さんを思い出す。顎をひき、唇を結んだ毅然とした姿に、ぼくは「死者」を感じなかった。心肺は停止し、肉体的な死を視た三省さんではあるのだが、まだあの繊細な感性と豊かな言葉を生み出す「たましい」が厳然とそこに（同一的に）あるかのごとく感じられたのだ。そして時に和して、静かに、徐々に、それは肉体を離れ、屋久島の森に、そう、あの蛇紋杉のもとに還っていかれるような気がしてならなかった。だからこそ絶望的な隔絶を伴った死者として、ぼくには映らなかったのかもしれない。

三省さんが「たましい」を肉体から遊離し、解放する暫くの時を、ぼくは共有したいと思った。その場を離れ森の中に分け入り、白川の流れの淵の白い巨石に座した。黙想し、三省さんからのメッセージを聴こうと試みたのだ。

「人間性の内に宿るすべての苦悩と悲惨を消滅させたいと願う事実と、それにもかかわらず自己の内外において引き起こされる無限の苦悩と悲惨があるという事実」、「私たち自身もまた、病気や死の恐怖や憎しみなどをはじめとする、無限に多様な悲苦に日々陥り、『Help!』と声に出して叫ばぬまでも、渇した人が水を求めるように、日々に外側からの何らかの援助を求めてやまないことを本質とする存在でもある」と三省さんは言う。

無限の苦悩と悲惨という事実の究極が「死」であるのだろう。またそれに向かって生きねばならない苦悩と悲惨が重層的に、しかもきわめて短期的にそこには顕れるものだ。この『観音経の森を歩く』は、三省さんご自身に訪れた、まさに「その時期」に書かれたものである。だからこそ苦悩や悲惨から発する「Help!」に対する「ささえ」の必要性、「すがる」べき対象が明らかに、随所に見えるのだ。

ぼくは現在、死の臨床において多くの人々を見送り、また僧として別れの儀式を執行する場を日常としている。そしてその場における認識は、対象となる人々の苦悩や悲惨とどう真正面から向き合い、どうケアしていくかに重点を置いている。もっと言えばその人々と同じ地平に立ち、三省さんが示されるところの「無限に多様に『同悲』『同苦』してしまう本性」を発動・発現できるか、に勝負をかけているつもりだ。死の臨床に宗教者がかかわる場合、この認識がなければその行為は、単なる、役に立たない、色あせた説教に終わる。死を間近にし、追い込まれ、ささえが必要な人を前にして、このような説教が役立つはずがない。それはいわば、自分を無痛のバリアで囲い込み、同悲・同苦という領域から自らを隔離し、極力ダメージを受けない第三者としてかかわる、という都合のいい手法なのだ。

本書の核心として三省さんはこう言う。「サマンタムカ、〈あらゆる方向に顔を向けた者〉、あるいは〈自在に観察する者〉という菩薩性は、そのように自ら与え、かつ与えられる、同悲同苦性という世界事実を根幹として成立した、人間性の別名なのである」と。

人間の本性の一部を構成するとされる「ささえの本性」は、まさに同悲・同苦(Compassion)から生み出されるものであり、そこから発現する思惟や行為は歓迎されるべき重要なものとなる。またささえられる側にとっても、安心して全身全霊をそこに委ね切ることができるものなのだ。

「苦難に陥った時にこそ救いの手を差しのべてくれる」のが観音菩薩であり、「苦しみが多い人であればあるほど、その人にとってこの菩薩に縁が深い」と三省さんに言う。この場合の菩薩とは、明らかに「無痛」を選ぶ人のことではない。同悲・同苦を基盤にした深い愛でつながり、三省さんの全身全霊を「ささえた」存在のことを言うのである。そしてそのような「ささえの本性」を発動させた三省さんご自身が、すでに観音菩薩であったのだ。

観音経の森とは、じつは同悲・同苦の森なのだと実感する。そしてその森を、同悲・同苦の森を、一歩一歩踏みしめて歩いて行けたとき、三省さんの「たましい」に出会うことができ、三省さんの言葉がよりあざやかに蘇り、執着を離れ、自在に飛び交う「永劫フライト」の仲間入りができると思うのである。

たかはし・たくし（神宮寺住職）

山尾三省◎やまお・さんせい
一九三八年、東京・神田に生まれる。早稲田大学文学部西洋哲学科中退。

六七年、「部族」と称する対抗文化コミューン運動を起こす。七三年、インド・ネパールの聖地を巡礼。

七七年、家族とともに屋久島の一湊白川山に移り住み、耕し、詩作し、祈る暮らしを続ける。

二〇〇一年八月二十八日、逝去。

『聖老人』『アニミズムという希望』『リグ・ヴェーダの智慧』『南の光のなかで』『原郷への道』

『びろう葉帽子の下で』『祈り』『水が流れている』（以上、野草社）、

『新月』『三光鳥』『親和力』（以上、くだかけ社）、

『ここで暮らす楽しみ』『森羅万象の中へ』（以上、山と溪谷社）、

『法華経の森を歩く』『日月燈明如来の贈りもの』（以上、水書坊）など著書多数。

初出
月刊『ＫＡＲＮＡ』（光祥社）第１５５号（一九九九年二月号）
～第１７４号（二〇〇一年四月号）

観音経の森を歩く

二〇〇五年八月二八日　第一版第一刷発行

著者　山尾三省©やまお さんせい
発行者　石垣雅設
発行所　野草社
東京都文京区本郷二-五-一二
電話　〇三-三八一五-一七〇一
ファックス　〇三-三八一五-一四二二
発売元　新泉社
東京都文京区本郷二-五-一二
電話　〇三-三八一五-一六六二
ファックス　〇三-三八一五-一四二二
編集協力　礒辺憲央©木鶏舎
印刷　萩原印刷
製本　榎本製本
ISBN4-7877-0481-8 C0095　Printed in Japan